# 東京大都市圏郊外の変化とオフィス立地

－オフィス移転からみた業務核都市のすがた－

佐藤英人　著

古今書院

*The Suburbanization of Office Location*
*in Tokyo Metropolitan Area*

by Hideto SATOH

ISBN979-4-7722-5288-1
Copyright © 2016 Hideto SATOH
Kokon Shoin Ltd.,Tokyo,2016

# 目　次

はしがき ——————————————————————————— v

図表一覧 ——————————————————————————— ix

## 序　章 ———————————————————————————— 1

1　研究の背景と目的　1

2　オフィスの定義と地域概念　5

3　本書の構成　6

## Ⅰ章　オフィスが郊外に立地する意義と課題 ——————— 9

1　はじめに　9

2　既存研究の動向　10

　1）企業・オフィスビルの立地変化　10

　2）企業組織・機能の変化　13

　3）ライフスタイル・ワークスタイルの変化　14

3　既存研究の問題点　16

　1）批判的な見解　16

　2）日本の事例　18

4　小　括　20

## Ⅱ章　オフィス立地の全国的な動向 ——————————— 25

1　はじめに　25

2　オフィス立地と需給バランス　26

ii　　目　次

　　3　業務核都市基本構想の概要　33

　　4　事例研究の位置づけ　36


## III章　営業部門の機能強化による郊外立地－旧大宮市中心部の事例－ ── 41

　　1　はじめに　41

　　2　研究方法と分析対象地域の概要　43

　　3　オフィス開発事業の経緯　44

　　4　入居率推移と入居企業の特徴　46

　　5　入居企業の選択理由　50

　　6　企業に対する誘致活動　52

　　7　小　括　54


## IV章　情報部門の機能強化による郊外立地－幕張新都心の事例－ ──── 57

　　1　はじめに　57

　　2　東京大都市圏における情報部門の立地動向　58

　　3　研究方法と分析対象地域の概要　61

　　4　幕張新都心に進出した企業の特徴　63

　　5　進出理由　67

　　6　情報部門の郊外移転と企業組織の再編　70

　　7　小　括　73


## V章　大規模オフィス開発事業による既存市街地への影響
## 　　－横浜みなとみらい21地区の事例－ ─────────── 79

　　1　はじめに　79

　　2　研究方法と分析対象地域の概要　83

　　3　みなとみらい21地区に進出した企業の特徴　86

　　4　テナント企業の移転が既存市街地に与える影響　90

　　　1）みなとみらい21地区に進出した企業の移転元　90

目　次　iii

　　2）移転元となったのビルの状況　92

　　3）移転元のビルに入居した企業　96

　5　小　括　98

## VI章　業務核都市の成長と通勤行動の変化 ———————— 103

　1　はじめに　103

　2　研究方法と分析対象者の概要　106

　3　転居実施の意思決定　109

　4　転居に伴う通勤行動の変化　114

　　1）住居形態の変化　114

　　2）転居の発着地　116

　　3）通勤時間の変化　118

　5　転勤異動と住宅取得の関係　121

　　1）住宅取得地の分布　122

　　2）住宅取得時期と住宅価格　124

　6　小　括　127

## 終　章 ———————————————————————— 131

　1　本書で得られた知見　131

　2　まとめ　137

## あとがき ———————————————————————— 141

## 参考文献 ———————————————————————— 145

## 索　引 ————————————————————————— 159

# はしがき

　2040年までに約900もの地方自治体が少子高齢化によって消滅するという，きわめてショッキングな内容の著作が話題となった[1]。この著作が世間で注目される背景には，若年世代が進学や就職を機に地元を離れ，三大都市圏に移り住む「向都離村」の人口流動に歯止めがかからず，地方都市の活力が長きにわたって失われている現実がある。人口減少に苦しむ地方都市に対して，若年世代を最も多く受け入れている東京大都市圏では，戦後復興期から高度経済成長期を経て現在に至るまで人口は増え続けており，東京への一極集中が収束する兆しをみせていない。

　ヒト・モノ・カネ・情報がある特定の地域に集中することは，規模の経済や集積の経済などによって高い効用が得られるのと同時に，交通混雑や都市公害，大規模震災のリスクなどの外部不経済もまた増大する。毎日，超満員の通勤列車で肩を寄せ合いながら自宅と職場を行き来するビジネスパーソンの姿は，身近な外部不経済の一例であろう。

　加えて2011年3月11日に発生した東日本大震災では，震源地から500 km以上離れた東京都心にも大きな被害をもたらした。発災当夜，新宿駅や渋谷駅などの都心と郊外を結ぶ副都心のターミナル駅では，帰宅の足を失った従業者が，いわゆる「帰宅困難者」となり，ある者は野宿をし，ある者は徒歩で数時間かけて家路につく光景は，未だ脳裏から離れられない。

　東アジア地域を代表する世界都市「東京」が，今後もより多くの企業を受け入れ，ビジネスの中心地として持続的な成長を遂げていくためには，これらの外部不経済を内部化する弛まない努力とともに，安心で安全な都市像を国内外に発信することが不可欠である。

　中央と地方との間に存在する地域的課題に対して，2014年9月3日に発足し

た第 2 次安倍改造内閣は，まち・ひと・しごと創生本部を設置し，①東京一極集中の是正，②若い世代の就労・結婚・子育ての希望の実現，③地域の特性に即した地域課題の解決を目標とした総合戦略を取りまとめた。「地方創生」の名のもと，疲弊した地方都市に活力を与えることは，翻すならば，東京の一極集中を是正することでもある。東京に集中し過ぎた企業や官公庁の一部を適切に再配置し，中央と地方の地域間格差を縮小させていくことは，かかる問題解決に向けた重要な課題であろう。すでに政府は，地方へ移転する企業に対して，移転費用を負担したり，法人税を減免するなどの具体的な支援策を示している。今後，東京に立地する企業が地方への移転を強めていくのか，その動向が注目されるところである。

　本書は企業，とりわけホワイトカラーの活動拠点ともいうべきオフィスが，東京都心以外の地域に立地し得るのか，東京大都市圏郊外を事例に論じた成果である。

　研究対象地域とする東京大都市圏は，1988 年に施行された多極分散型国土形成促進法によって，東京駅からおおむね 30 〜 40 km 圏に位置する郊外に，業務核都市と呼ばれる新しいビジネス街が作られた。さいたま新都心，幕張新都心，横浜みなとみらい 21 地区はその代表例であり，これらは少なくとも 20 〜 30 年前に，大規模なオフィスビル群が存在しなかった地区である。

　業務核都市が整備される以前，数多くの住宅地が造成された郊外には，居住，消費，再生産の中心的な役割が課せられてきた。ホワイトカラーの夫と専業主婦の妻，夫婦の間に生まれた子どもからなる典型的な核家族世帯が，念願のマイホームを手に入れるために移り住み，平日は夫が郊外の自宅から都心のオフィスに通勤して家計を支え，妻が自宅で家事や育児を担うという，伝統的な性別役割分業を基底とする生活が成立したのである。1960 年代から開発が進められてきた多摩，港北，千葉などのニュータウンでは，常住人口の増加によって地域市場が成熟すると，郊外にオフィスを新設させたり，移転させる企業が現れた。

　本書の目的は，「居住の場」としての郊外ではなく，「従業の場」としての郊外の姿をオフィス立地の視点から議論することである。議論の根幹をなすデータは，著者自身が 1999 年から 2007 年にかけて実施してきた質問紙調査と聞き取り調査

で得た結果である。やや古い調査結果ではあるが，オフィス移転や再配置などの立地調整に関する実証データ（たとえば，なぜ企業が郊外に移転したのか，その理由や要因など）は管見の限り少なく，調査で得られたデータの希少性，資料的価値は高いと思われる。

　本書が事例研究として取り上げる3つの業務核都市（旧大宮市中心部，幕張新都心，横浜みなとみらい21地区）では，津波や液状化現象による被害，公共交通機関の寸断などが発生し，いずれの地区も大規模災害に対して克服すべき課題は数多い。もちろん，業務核都市が有事の際，直ちに被災した東京都心の代替地になるわけではないが，長らく解決策が模索されてきた「東京一極集中の是正」というキーワードを切り口に，本書がオフィス立地の視点から何らかの道標になるとすれば，それは著者にとって無上の喜びである。

**注**
1）増田（2014）による。

# 図表一覧

図表Ⅱ-1　職業別従業者数の推移（全国）　26

図表Ⅱ-2　都道府県別オフィス立地数と増加寄与率　27

図表Ⅱ-3　1オフィスあたりの従業者数　29

図表Ⅱ-4　東京大都市圏におけるオフィス従業者の推移　30

図表Ⅱ-5　市区町村別オフィス従業者の増減　31

図表Ⅱ-6　主要地区における入居率の推移　33

図表Ⅱ-7　業務核都市基本構想の概況　34

図表Ⅱ-8　事例研究で考察するオフィス開発事業　37

図表Ⅲ-1　旧大宮市中心部の地域概観図　43

図表Ⅲ-2　入退去企業数と入居率の変化　47

図表Ⅲ-3　本社所在地からみたオフィスの機能　48

図表Ⅲ-4　本社所在地別大宮進出年　49

図表Ⅲ-5　進出企業の入居理由　51

図表Ⅳ-1　情報サービス産業の事業所数　59

図表Ⅳ-2　全事業所数に対する情報部門の割合（2001年）　60

図表Ⅳ-3　入居率の推移　61

図表Ⅳ-4　幕張新都心の地域概観図　62

図表Ⅳ-5　オフィスの機能　64

図表Ⅳ-6　情報部門の類型　67

図表Ⅳ-7　2000年度"Mビル"における入退去実績　69

図表Ⅳ-8　A社における移転前の組織　71

図表Ⅳ-9　A社における移転後の組織　72

図表Ⅴ-1　MM21地区における着工時点の地権者別所有面積（1983年）　84

図表Ⅴ-2　MM21地区の地域概観図　84

図表Ⅴ-3　MM21地区に進出した企業の機能（2001年）　86

図表Ⅴ-4　進出形態別資本金規模　89

図表Ⅴ-5　MM21地区に進出する直前の所在地　91

x 　　図表一覧

図表Ⅴ-6 　進出直前に入居していたオフィスビルの延床面積と竣工年 　92

図表Ⅴ-7 　横浜市3区における事業所数と従業者数の変化 　94

図表Ⅴ-8 　既存市街地におけるオフィスビルの入居率推移 　95

図表Ⅴ-9 　転出企業と転入企業における資本金規模の比較 　97

図表Ⅴ-10 　オフィス移転のフィルタリングプロセス 　99

図表Ⅵ-1 　質問紙調査の概要 　107

図表Ⅵ-2 　分析対象者の所属企業 　108

図表Ⅵ-3 　分析対象者の職種構成 　109

図表Ⅵ-4 　分析対象者の前住地分布 　110

図表Ⅵ-5 　分析対象者の前任地分布 　111

図表Ⅵ-6 　前住地－勤務地間の距離分布 　111

図表Ⅵ-7 　転勤直前の住居所有形態 　113

図表Ⅵ-8 　住居移動に伴う住居形態の変化 　115

図表Ⅵ-9 　住居移動の発着地 　116

図表Ⅵ-10 　前住地と現住地分布の比較 　118

図表Ⅵ-11 　平均通勤時間の変化 　119

図表Ⅵ-12 　住宅取得地の分布 　122

図表Ⅵ-13 　家族構成別住宅取得分布 　123

図表Ⅵ-14 　住宅取得者の購入年 　124

図表Ⅵ-15 　戸建住宅における価格の年収倍率推移 　125

# 序　章

## 1　研究の背景と目的

　日本の政治，経済の中枢を担う東京大都市圏は，金融経済のグローバル化によってその地位を高め，東アジア地域を統括する世界都市へ飛躍的な成長を遂げた。アメリカ合衆国出身の都市経済学者 Florida によれば，イノベーションの素地となる多種多様な人材や利便性に優れた公共財，潤沢な資金，有力な情報は，世界各地に普遍的に存在するのではなく，ある特定の地域に偏在しているという。中でも東アジア地域でイノベーションが生み出される地域を "Mega Region" と名付け，香港，上海，ソウル，台北などと並び東京がその一角を担うと主張している（Florida, 2009）。

　確かに日本ではヒト，モノ，カネ，情報の東京への集中が顕著である。たとえば，労働市場で中心的な役割を担うオフィス従業者を都道府県別に集計すると，2006年現在，東京都が約 484 万人（全国の 23.4％）にのぼり，続く大阪府の約 182 万人（同 8.8％），愛知県の約 126 万人（同 5.4％）を大きく上回っている [1]。本書が研究対象とする東京大都市圏（東京都，神奈川県，埼玉県，千葉県の総計）で集計してみると，その数は約 725 万人に達し，日本のオフィス従業者の約 2.8 人に 1 人が東京大都市圏で業務を遂行していることになる。これらの数値が物語る規模もさることながら，東京都心に建ち並ぶ超高層ビル群は世界都市「東京」の活力を端的に表す象徴といえよう。

　日本で最もオフィスが集中し，いまや東アジア地域屈指の世界都市となった東

2　　序　章

京であるが，この著しい成長の陰には，世界経済の動向を左右する企業の存在があり，円滑な企業活動を下支えする質の高い都市インフラを遅滞なく整備していくことが不可欠であった。

　しかし，東京を取り巻く環境は年々厳しさを増し，さまざまな都市問題を抱えている。とりわけオフィスの東京都心への過度な集中が，慢性的な交通混雑の原因となり，企業の円滑な経済活動を阻害している。さらに，2011 年 3 月に発生した東日本大震災は，東京都心にも大きな被害を与え，東京の大規模災害に対する脆弱性を露呈した。来たるべく首都直下地震に備え，安心で安全な都市像を構築しておくことは，もはや一刻の猶予が許されない緊要の課題である。

　東京大都市圏をめぐる都心一極集中の是正に向けた取り組みは，1988 年に施行された多極分散型国土形成促進法（多極法）と首都圏整備計画までさかのぼることができる。この法律と施策は国土の均衡ある発展を推進する立場から，東京都心に過度に集中したオフィスの一部を郊外に再配置させ，職住の近接性を高める目的で施行された。元来，居住機能に特化していた郊外に，オフィス，商業，レジャーなどの諸機能が近接配置されれば，基本的な日常生活を郊外のみで営むことができる。すなわち，都心を介さずに郊外のみで日常生活が成り立つ，いわば自立した核（郊外核）を育成する狙いがある（国土庁，1997）。職住の近接性が郊外で高まれば，都心で勤務していた従業者の一部が郊外で勤務できるので，たとえば，都心に向かう通勤流動が減少したり，通勤時間や距離が短縮するなど，都心一極集中の是正に一定の効果が期待される（成田，1995）。

　大都市圏の都心に配置されてきたオフィスが，郊外への立地を強める傾向は，都市問題の解決に主眼が置かれる政策論に限らず，大都市圏の内部構造を論究する都市地理学の研究課題としても注目に値する。Klassen et al.（1981）や Hall（1984）が提唱した都市の発達段階モデル（都市化→郊外化→逆都市化→再都市化）の文脈では，人口の郊外化に続き，雇用機会，とりわけオフィスが郊外化するならば，都市の物理的な構造は都心を唯一の核としてきた単核心構造（monocentric city）から，複数の核が郊外に形成される多核心構造（polycentric city）へ変化する[2]。雇用機会の郊外化と多核心構造への変化に関する仮説は，Erickson（1983）が①

製造業をはじめとする特定の業種が都心から郊外へ流出する段階，②卸・小売業，専門サービス業などの多種多様な業種・業態が郊外へ流出する段階，③広範にわたる雇用機会が郊外で創出され，多核化に至る段階に区分して論じている。

世界的にみると，オフィスを含む雇用機会の郊外化と多核心構造への変化は，決して希有な現象ではない。早くから交通，情報インフラが発達したアメリカ合衆国では，郊外多核化と自立化の動きを強めている。suburban downtown, suburban core city, suburban employment center, edge city, technoburb など，名称はさまざまであるが，これらの郊外核では「職」，「住」，「遊」の基本的な日常生活を郊外のみで営むことができ，オフィスを含む雇用機会が都心にのみ存在した時代とは全く新しいライフスタイルを構築している（Fishman, 1987 ; Cervero, 1989 ; Garreau, 1991）。

北米で形成された郊外核の定義は諸説ある。その中で特筆すべきは，ジャーナリストの視点から都市の物理的な構造変化を克明に素描した Garreau（1991）の業績であろう。ワシントンポスト紙の記者である Garreau は，「都市の最も外側（edge）にありながら，最も先端的（edge）な生活を営んでいる郊外」を edge city と名づけ，北米に点在する郊外核の特徴とその形成要因を分析した。Garreau によると edge city とは，①オフィス床面積が 500 万平方フィート（約 46.5 万 m²）以上供給されていること，②ショッピングモール（商業機能）の売り場面積が 60 万平方フィート以上（約 5.6 万 m²）存在していること，③業務機能（オフィス）が居住機能を量的に上回っていること，④職住が近接していること，⑤30 年前まで都市開発がされていないこと，という 5 つの条件を満たした地域であるという[3]。この条件に従うと，1990 年代初頭までに郊外核は建設中を含め約 200 ヶ所にのぼり，北米に存在するオフィスの約 2／3 が，郊外核に立地している。さらに Garreau は edge city の形成要因を企業の移転に求めている。たとえば，ニューヨーク大都市圏の edge city は隣接するニュージャージー州に点在しているが，大手通信会社 AT&T 社のオフィス移転が edge city の形成に強く関与している。同社は 1885 年にニューヨークで設立され，1930 年の最盛期には本社に約 5,600 人が勤務していた。しかし，都心は地価が高く，オフィス維持コスト

4    序 章

（地代や管理費など）と従業者の居住コスト（社宅の整備や住宅借り上げ制度など）
は，年々拡大の一途を辿っていった。第二次世界大戦後，フリーウェイ（freeway）
が整備されると，都心－郊外間のアクセスが容易になったことで，1977 年の分
割民営化を契機に都心のオフィスを隣接するニュージャージー州へ移転させた。
オフィスが都心から郊外へ移転したことにより，従業者の多くは都心に通勤する
頻度が大幅に減り，仕事を含む日常生活を edge city 内で営むに至ったという。

　つまり，郊外核が北米に出現した最も大きいインパクトとは，工場などの生産
機能，倉庫などの物流機能，ショッピングモールなどの商業機能ではなく，これ
まで都心にのみ立地してきたオフィスが，郊外にも立地するようになった点と，
郊外から都心へ通勤する機会が多いオフィス従業者の職住関係が，郊外で近接し，
彼らの日常生活が郊外で完結するようになった点であろう。

　北米の事例を挙げるように，郊外が単なる「生活の場」ではなく，「従業の場」
としての役割を強めるならば，郊外に対する従来の認識，すなわち郊外が都心
に対する付属物，あるいは都心の延長とされる認識を改める必要がある（藤井，
1990 ; 川口，1990）。この点について Teaford（1997）は「新しい郊外とは，都市
空間における「周辺」を意味するものではなく，また中心に対する「周辺」を意
味するものでもない。もはや大都市圏は，ひとつの中心からなる単純な構造から
では説明できず，大都市圏に対する新たなモデルを構築する必要がある」と主
張した上で，とりわけ地方自治体間の政治的，財政的な不均衡を指摘している。
Teaford によると，郊外核が形成された 1990 年代以降，多数の企業と住民が郊外
に流入したが，その帰結として，財政的に豊かな郊外と衰退を続ける都心との間
には，税収や公共サービスなどに格差が生じ，政治的対立や合併問題が深まって
いる。都心－郊外間の政治的，財政的なバランスの変化は，単なる都市構造の変
化にとどまらず，地方自治のあり方にまで影響が及んでおり，行政学の視点から
分析する必要性を説いている[4]。

　以上のように，北米を中心とした郊外多核化と自立化に関する研究はさまざま
な視点から試みられており，一定の研究蓄積がある。その一方で，日本では十分
な知見が得られているとは言い難い。たとえば，「オフィスがどの程度，郊外に

立地しているのか」といった，郊外多核化と自立化を論じるための基礎的なデータすら十分に把握されていない[5]。そのため，オフィスが郊外への立地を強めた場合，北米の事例のように職住近接が日本で実現するか否かなど，従業者のライフスタイルを評価する段階には至っていない。

そこで本書は，東京大都市圏郊外で展開されたオフィス開発事業に着目し，元来，都心にのみ立地してきたオフィスがいかにして郊外への立地を強めていくのか，そのプロセスを分析する。また，オフィスが郊外への立地を強めた場合，従業者の居住地や通勤行動にどのような変化が起こるのか，従業者の視点からオフィスの郊外立地を評価する。さらに，都市の発達段階モデルにおける雇用機会の郊外化，とりわけオフィス従業が郊外化し得るのか，東京大都市圏を巡る今後の方向性を展望する。分析にあたっては，オフィスを郊外に立地させた企業を対象とし，企業が郊外を志向する要因や従業者の通勤行動変化などを著者自身が実施した質問紙調査と聞き取り調査から検証する。

## 2　オフィスの定義と地域概念

本書が扱うオフィスとは，従業者が情報や知識，アイディアなどを探索，蓄積，修正，交換，発案するためにコンピュータ，電話，ファクシミリ，コピー機などの情報通信機器を利用する業務，機能または施設を指す[6]。

オフィスを業務としてとらえる場合は，日本標準職業分類における大分類（12分類）のうち「管理的職業従事者」，「専門的・技術的職業従事者」，「事務従事者」の和とする[7]。本書ではオフィスで勤務する者をオフィス従業者（以下，単に従業者と略す）と呼ぶ。

オフィスを機能としてとらえる場合は，事業所・企業統計調査（経済センサス）における「事業所の形態（7分類）」の「事務所・営業所」とする[8]。「事務所・営業所」は，民間企業の本社，支社・営業所，単独事業所から構成されるものとし，公共施設は含まない。

オフィスを施設としてとらえる場合は，オフィス従業者を収容するための建築

6    序　章

物（オフィスビル）とする（以下，単にビルと略す）。大規模ビルといった場合は，オフィスビル総合研究所（1998）の定義に従い，延べ床面積が 1 万 $m^2$ を超える建築物を指すものとする。

　本書が想定する東京大都市圏の範囲は，東京都，神奈川県，埼玉県，千葉県とし，その都心を千代田区，中央区，港区（都心 3 区），都心周辺を都心以外のそのほかの特別区，郊外を特別区以外の市区町村とする。

## 3　本書の構成

　以上の研究背景と目的に基づき，本書は序章と終章を含む 8 章から構成される。
　I 章では，オフィスの郊外立地に関する国内外の既存研究を整理し，本書の位置づけをおこなう。II 章では，日本におけるオフィス立地の動向を統計資料より確認し，III 章から V 章にかけて試みる事例研究の意義を明らかにする。III 章では旧大宮市中心部[9]を，IV 章では幕張新都心を，V 章では横浜みなとみらい 21 地区をそれぞれ取り上げて，東京大都市圏郊外におけるオフィスの立地プロセスを分析する。VI 章ではオフィスが郊外に立地した場合，従業者のライフスタイルはいかに変化するのか，彼らの通勤行動と住宅取得行動を分析して，従業者の視点からオフィスの郊外立地を評価する。終章では本研究で得られた知見を整理し，今後の課題を示す。

**注**
1) 総務省統計局『平成 18 年事業所・企業統計調査』による。
2) たとえば，Odland（1978），Erickson and Wasylenko（1980），Griffith（1981），Getis（1983），Erickson（1986），藤井（1990），Mieszkowski and Smith（1991），石川（2008）など。
3) そのほかにも，たとえば Cervero（1989）が，①オフィス床面積が 100 万平方フィート（約 9.3 万 $m^2$）以上供給されていること，② 2,000 人以上が従業者として通勤していること，③都心から 5 マイル（約 8 km）以上離れていること，を満たした地域を郊外核と定義している。

4）Lewis（1996）も行政学や財政学の視点から大都市圏郊外の変容をとらえる意義を指摘している。

5）オフィス立地研究の困難性については，佐藤（2011a）が詳しい。

6）オフィスの定義については，山崎（2001）と森川（2005）が詳しい。

7）「オフィス従業者」以外の分類には，「販売従事者」，「サービス職業従事者」，「保安職業従事者」，「農林漁業従事者」，「生産工程従事者」，「輸送・機械運転従事者」，「建設・採掘従事者」，「運搬・清掃・包装等従事者」，「分類不能の職業」がある。

8）「事務所・営業所」以外の分類には，「店舗・飲食店」，「工場・作業所・鉱業所」，「輸送センター・配送センター・これらの倉庫」，「自家用倉庫・自家用油槽所」，「外見上一般の住居と区分しにくい事業所」，「その他（学校・病院・寺社・旅館・浴場など）」がある。

9）旧大宮市は2001年5月1日に旧浦和市と旧与野市とともに合併し，2005年4月1日に旧岩槻市が編入して，現在のさいたま市となった。2015年5月時点で約125万人の人口を要する政令指定都市である。なお，旧大宮市は現在の大宮区，西区，北区，見沼区に該当する（ただし，一部の地域は除く）。

# I 章

# オフィスが郊外に立地する意義と課題

## 1　はじめに

　2011年3月11日に発生した東日本大震災は震源地から500km以上離れた東京都心にも大きな被害を与えた。鉄道やバスなどの主要な公共交通機関が不通となり，帰宅の足を失ったオフィス従業者の多くが，いわゆる「帰宅困難者」となったことは記憶に新しい。毎日，約664万人が通勤する特別区では[1]，大規模災害が及ぼす一極集中のリスクを無視できる状況にはない。

　すでにグローバル企業の一部は，震災の影響を避けるため，東アジア地域の拠点を東京から香港や上海などの諸都市へ移転させている[2]。東京が企業の流出に歯止めをかけ，世界都市としての地位を維持するためには，来るべき大規模災害に備えた安心で安全な都市像を国内外に示す必要がある[3]。都心一極集中のリスクヘッジに鑑み，あらゆるオフィス（業務機能）を都心に集中させるのではなく，その一部を郊外や地方に再配置することは，かかる都市像を模索する上で有効であろう。

　オフィスの集中と分散に関する議論は，荒井ほか（1998）や山崎（2001），菊池（2010）などの既存研究で到達点が整理されている。これらの論考によれば，少なくとも直近30年間にみられたオフィスの郊外立地は，モータリゼーションの進展とともに，情報通信技術（ICT）の急速な発達が深く関与している。

　理論的には情報が時間距離を超えて流動すると，元来，都心に集中してきたオフィスは郊外や地方での立地が可能になる。つまり，企業間取引（B2B）もしく

10　I 章　オフィスが郊外に立地する意義と課題

は企業－消費者間の商取引（B2C）のうち，書式や仕様が決まっている定型的な情報を，電話やファックス，電子メールなどのテレコミュニケーションで伝達できれば，対面による物理的な接触機会は減少するので，取引企業や一般消費者との近接性にとらわれることなく，立地の自由度は高まる。むしろ，オフィスを地代が安価で良質な都市ストックの備わった郊外に立地させた方が維持コスト（ビルの賃貸料や管理費用などの固定費）を勘案した場合，合理的である（Goddard, 1967 ; Pye, 1977 ; Alexander, 1979）。

　確かにアメリカ合衆国やカナダ，オーストラリアなどの広大な国土を持つ国々では，オフィスの郊外立地が劇的に進んでいる。edge city など，居住機能のみならず，業務，商業，娯楽の諸機能が融合し，日常生活全般を郊外のみで充足できる自立した郊外核の形成はその証左といえよう[4]。

　一方，日本でも都心一極集中による地価高騰や慢性的な交通混雑の激化など，外部不経済が拡大した結果，企業の円滑な業務活動に支障をきたすようになると，国土の均衡ある発展を推進する立場から，首都機能の移転が検討されたり[5]，あるいは都心に集中したオフィスを郊外に再配置する政策も施行されている[6]。

　このように国内外で進むオフィスの郊外立地には，政策的誘導の有無や規模，性質などに程度の差があるにせよ，時間距離を超えてコンタクトできるテクノロジーの発達が大きく関与した事実に異論の余地はないだろう。

　そこで本章では，単にオフィスを集中させるべきか，あるいは分散させるべきかといった二者択一的な議論ではなく，大規模災害に耐えうる新たな都市像の構築に向けて，オフィスを郊外に立地させる意義と課題を情報通信技術の発達という視点から既存研究のレビューを通じて検討する。

## 2　既存研究の動向

### 1）企業・オフィスビルの立地変化

　会議や打ち合わせなどの企業間でおこなわれる業務活動を対面接触に依存していた 1960 年代以前，欧米の諸都市では，取引企業や官公庁との近接性を確保す

るために，オフィスを都心に立地させる以外，選択の余地はほとんどなかった。しかし，郊外にも情報インフラが整備されて，情報化に即応可能なインテリジェントビルが供給されると，手狭で老朽化した都心のオフィスビルは次第に敬遠されるようになる。

　たとえば，Wall Street という絶大な権威（prestige）を誇るニューヨーク市ローアーマンハッタン地区でさえ，ビルの老朽化は深刻で，金融街のシンボルともいうべき証券取引所を含む，金融業の大掛かりな移転計画がたびたび検討されている（Longcore and Rees, 1996）。証券取引所の移転は，多くの関連企業の移転を追随させ，しいては都心の相対的な地位低下を招く恐れがあることから，現在に至るまで実現していない。ただし，周辺には良質な都市ストックを備えた郊外核が複数あり，銀行や証券会社の中には本社を隣接するニュージャージー州に移転させた例がある[7]。

　ニューヨーク市以外の世界都市でもビルの老朽化問題は軽視できない。欧州の金融中心地のひとつであるロンドン市では，対企業サービス業や金融・保険業など，業務上，情報との結びつきの強い業種が都心から郊外へ移転している。こうした動きに拍車をかけているのは，ディベロッパーがビルの供給ポテンシャルを郊外にシフトさせている点が挙げられる（Daniels and Bobe, 1992）。都心再開発は土地取得に多額の資金を要するほか，地権者や借地権者との合意形成が困難な場合が多い。相対的にみると，郊外の方が都心よりも土地を取得しやすく，広大な土地を迅速に確保できるので，ディベロッパーが開発に投じた資金を短期間に回収できるメリットがある。

　オフィスの郊外立地は，国家の人口最大都市や首都以外の都市にも広がりをみせている。たとえば，アトランタ大都市圏の事例によると，州間高速道路（interstate highway）のインターチェンジやジャンクション付近に最新鋭のインテリジェントビルが建設され，自動車交通との利便性と相まって，郊外核の形成に至っている[8]（Hartshorn, 1973；Hartshorn and Muller, 1989；Davis, Nelson and Kenneth, 1994；Fujii and Hartshorn, 1995；藤井，1999）。

　郊外核の形成に象徴されるように，都市圏が都心を唯一の核とする単核心構造

から，複数の核から成る多核心構造へ変化すると，さまざまな企業が郊外への進出を強めていく。

コロンバス市とピッツバーグ市を事例に業種間の郊外移転率を分析した Randy and Selwood（1983）や Kutay（1986a；1986b）によれば，金融・保険・不動産業（FIRE）で高い割合を示し，業務を遂行する上で情報との結びつきの強固な業種が，郊外への移転に積極的である。この点に関しては Hackler（2000）によるアメリカ合衆国のセンサスデータを用いた情報産業従業者の分析結果と符合し，大都市圏に地域差があるものの，情報産業の雇用機会は 1990 年代以降に郊外化したと論じている。

ただし，Goddard and Morris（1976）や Goddard and Pay（1977）による従業者の接触手段や頻度などを調査したコンタクトシステムに関する研究では，本社を含む企業組織全体の移転は稀であり，移転した企業の多くは本社支援機能（バックオフィス）に止まるとの見解も示されている。

確かに情報通信技術がより高度に発達したとはいえ，重要な意思決定を司る本社や，地域事業部制組織をとる企業の営業部門，顧客サービス部門などは，同業種・異業種他社との対面接触が不可欠であるため，これらの部門は都心を志向するだろう。

そのため，都心立地の象徴であったオフィスが郊外への立地を強めて，いずれ都心の地位低下と衰退につながるのではないかという，都市構造のドラスティックな変化には慎重な意見がある。Schwartz（1993）によれば，アメリカ合衆国主要大都市圏を対象として金融業および専門サービス業の立地を都心と郊外で比較したところ，1940 〜 80 年の立地数と売上額は依然，都心に集中している。一方，郊外に立地するオフィスは中小企業が多く，これらの企業は都心に立地する大手企業との取引関係なくしては経営が成り立たない。したがって，オフィスが郊外立地を強めても，郊外が都心の地位を凌駕するとは言い難く，都心衰退に直結する見解には否定的である。

## 2) 企業組織・機能の変化

　企業がオフィスを移転させるということは，単に所在地を変えるのではなく，組織を再編して経営の合理化を図ることに等しい。

　1980 年代以降，経済のグローバル化に伴って，企業はより迅速な意思決定が求められるようになった。一般的な企業組織に本社を組織の頂点とする階層型組織（hierarchical organization）が知られているが，本社は最終決定権を掌握しているため，トップマネジメントに依拠する垂直的分業体制では，現場サイドの状況に即応できる柔軟で迅速な意思決定が阻害される場合がある。そこで本社から各部門部署に裁量権の一部を委譲し，現場の実情に合った意思決定がしやすい職能別組織（departmentalized organization）への移行が試みられている。

　職能別組織への移行により，部門部署はその都度，本社に決裁を仰ぐ必要はなく，よりスムーズな意思決定ができる。中でも営業部門に裁量権を委譲する効用は高いとされ，たとえば，人口増加によって地域市場が成熟した郊外にブランチオフィスを配置すると，取引企業や一般消費者から寄せられる要求に速やかに対応でき，緊密な取引関係が築けるという（Kutay, 1986b ; Aksoy and Marshall, 1991）。

　さらに本社の裁量権を各部門部署に委譲することは，本社の人員やコスト削減に寄与し，本社が本来注力しなければならない経営戦略の立案や資金調達・運用などの業務に資源を集中できる。このような本社のダウンサイジングは，経営効率を向上させる期待から，法律・会計コンサルタント業や金融・保険・不動産業，広告業，マーケティング業，人材派遣業，情報通信業など，幅広い業種で実施されている（Williams and Taylor, 1991）。

　上述した組織再編に加え，地域労働市場の優位性を確保するため，企業が積極的に郊外を志向するケースもある。産業のソフト化は，ホワイトカラー従業者の需要を大幅に高めたが，ソフト化に対応できる高いスキルを持った人材の確保は容易ではない。そもそも郊外には就業意欲の旺盛な既婚女性が潜在的に居住しており，中でも高等教育を受けた優秀な人材は数多い。しかし，彼女らは育児や介護などのいわゆる「家事労働」によって長時間・長距離通勤が困難であり，就業

14    Ⅰ章    オフィスが郊外に立地する意義と課題

するには自宅から至近な距離に職場があることが必須となる。

　この点に関して Richardson, et al.（2000）はイギリス北東部を事例として，デー
タエントリーやコールセンターなどのバックオフィスを郊外や地方に再配置させ
る意味を検討している。バックオフィスを郊外に配置させる理由に，高学歴で情
報スキルに精通した女性労働力の存在を挙げ，職住近接による短時間通勤の実現
は，彼女らの就業を支援する上で重要な条件になるという。ただし，業務で得ら
れる賃金が安価であったり，定常的ではない不安定な業務であることから，バッ
クオフィスが地域経済に与える波及効果は限定されると結論づけた。

　確かにバックオフィスの経済波及効果は限られるが，これまで居住機能に特化
していた郊外にオフィスが進出することで，新たな雇用機会が創出されたことに
相違なく，とりわけ女性労働力の活用は，今後，多くの先進国が直面するであろ
う人口減少に伴う労働力不足を補完する観点から一定の評価はできよう。

　ところで，バックオフィスの立地は，いまや郊外や地方を超えて，発展途上
国などの諸外国へ広がっている。Warf（1995）によると，資金や情報が 24 時間
365 日絶え間なく流動し続けるグローバル経済下では，多国籍企業の本社を支援
するバックオフィスの存在が欠かせない。アメリカ合衆国に本社を置く大手コ
ンピュータメーカーはドミニカ共和国にバックオフィスを配置し，英文の書類
をスペイン語に翻訳する業務を割り当てている。ドミニカ共和国は中南米諸国
の中でも情報インフラの整備が比較的進んでいるとともに，アメリカ合衆国よ
りも労働賃金やオフィスコストが圧倒的に安価である。Grant and Berquist（2000）
が指摘する通り，国内外の情報通信事業は，事業者の新規参入によって自由競
争の原理が働くので，電話料金やインターネット接続料金の低価格化が顕著で
ある。地政学的リスクや言語的障壁は常に伴うものの，情報通信料金の遠距離
格差が実質的に解消した今日，バックオフィスは発展途上国への立地を強めて
いくとみられる[9]。

## 3）ライフスタイル・ワークスタイルの変化

　当然のことながら，オフィスが都心から郊外へ移転すると従業者の勤務地も変

わるので，彼らのライフスタイルやワークスタイルは大きく変化することになる。具体的にいえば，従業地が郊外に移動するので，既存の住宅地との近接性は高まり，郊外で職住近接が成立する。つまり，日常生活全般が郊外のみで充足される郊外核の形成につながれば，従業者の多くが長時間・長距離通勤から解放されるはずである。

欧州では「都会の喧騒からの脱出」を目的に郊外を開発してきた背景があり，経済的に豊かな社会階層が集住する，いわば理想郷（utopia）としての性格が強い（Jackson, 1985 ; Fishman, 1987）。近年，住宅地の周囲をフェンスや壁で取り囲み，敷地内の高いセキュリティを確保したゲーテッド・コミュニティ（gated community）は，安全で豊かな生活を希求する中から誕生した（Blakely and Snyder, 1999）。このような質の高い郊外住宅地では，オフィスの郊外立地による職住近接効果と相まって，不動産価格の上昇が著しい。たとえばオハイオ大都市圏を事例とした住宅需給分析によると，1970 ～ 90 年に郊外住宅地の需給量は増大し，この 20 年間で価格がほぼ倍増したという（Bier and Howe, 1998）。

情報通信技術は，従業者に対して郊外の自宅から都心の職場へ向かう従来の通勤行動を変えるだけではなく，働き方（ワークスタイル）自体も大きく変えるキーテクノロジーである。「情報化社会」と呼ばれて久しく，高速公衆回線を利用した大容量データ通信がきわめて容易になり，個人同士が時間と場所を問わずにコンタクトできるようになった。この情報をめぐる環境の抜本的な変化を象徴する働き方がテレワークである[10]。従業者がスマートフォンやモバイルコンピュータなどの情報端末を持ち歩けば，オフィスへ出勤せずとも直行直帰の業務が可能となるし，自宅にコンピュータがありネットワークに接続できれば，在宅のまま勤務することも可能となる[11]。

テレワークの通勤代替効果については Illegems and Verbeke（2003）がアメリカ合衆国のセンサスデータを用いて推計しており，今後，在宅勤務の導入率が高まれば，都心－郊外間の通勤流動は大幅に削減されるという。通勤を自動車交通に依存している合衆国では，自家用車による通勤が減少するため，$CO_2$ 排出量の削減にも効果があると予測している。

また，テレワークが従業者に対する福利厚生や新たな雇用機会をもたらすとの見解もある（Levin, 1998 ;（Ellison, 2004））。たとえば，ラッシュを伴いながら長時間・長距離通勤を余儀なくされる従業者に在宅勤務日を付与すれば，苦痛な通勤から一時的に解放されて気分転換の好機となり，業務効率の向上効果を生む。さらに物理的な移動が困難な障害者や高齢者，あるいは「家事労働」に忙殺されて通勤できない既婚女性など，これまでマージナルとされてきた労働者に対して新たな雇用を喚起する(Vega, 2003)。とりわけ出産と育児のために一定期間，通勤が困難な女性労働者にとって在宅型テレワークは，通勤が実質的に皆無となるため，出産・育児中の就業継続を支援する上で有効な勤務形態である（Marsh, 1994）。

## 3　既存研究の問題点

### 1）批判的な見解

　荒井（2005）が指摘している通り，上述した論考の中には，オフィス立地や企業組織を情報通信技術が規定する，いわば「技術決定論」であったり，交通混雑などの都市問題を情報通信技術が解決する，いわば「未来志向的ユートピア論」が散見され，情報化社会に対して楽観的な論調である。しかし，客観的なデータに基づく冷静な視点に立脚した研究が蓄積されるにつれて，従来の見解に異議が申し立てられている。

　まず，オフィスの郊外立地ついて Coe（1998）は，イギリスにおける情報部門の立地動向を分析し，大規模な市場を持つロンドン市を中心とする大都市圏への集中が依然として強いと主張している。Mitchelson and Wheeler（1994）と Wheeler（1999）も同様の指摘をし，物流大手 FedEx 社のデータを利用した情報流に関する分析によれば，アメリカ合衆国の都市システムはニューヨーク市を頂点とする階層構造であり，従来と変わらず大都市圏に情報が集中する実態を示している。また，情報の流動性が高まると，同時に人材や資金も大都市圏に集まるので，立地の自由度が高いとされる情報部門でさえ大都市圏への立地を強めると

いう。その結果，大都市圏と縁辺地域との地域間格差はますます拡大する（Nunn et al., 1998）。

　情報の地域間格差（デジタルディバイド）については，Wilhelm（1999）も，1990年以降のAT&T社やBritish Telecom社などのコモンキャリアによる情報市場の独占崩壊に関する論考で，ユニバーサルサービスの義務原則が事実上撤廃された点に注目している。人口規模の小さい縁辺地域では，そもそも通信需要が低く，情報インフラに対する投資が抑制されがちである。情報通信事業の自由化の流れを受けて，ユニバーサルサービスは撤廃される傾向にあり，不採算地域の情報インフラをいかに整備していくのかが大きな課題といえる（Sanyal, 2000）。

　いずれにせよ，情報通信技術が発達し立地の自由度が高まったとしても，オフィスは大規模な市場を持つ大都市圏に偏在する。少なくとも地方への立地は，政策的な誘導に頼らざるを得ないのが実情であろう。

　ではなぜ，オフィスは大都市圏，とりわけ都心に集中し続けるのであろうか。都心に集中するオフィスの中でも本社や官公庁などの中枢管理機能は，非定型的情報の交換・蓄積によって，新しいアイディアや知識，経験，思考などを生み出すイノベーションの源泉である。最高意思決定機関たる本社では，マニュアル化された「形式知」ではなく，曖昧で感覚的な「暗黙知」にこそ重要な意味を持つ（Florida, 2009）。暗黙知の共有・交換にはテレコミュニケーションよりも，会議や打ち合わせなどの対面による接触の方が細やかなニュアンスまで伝わるので意思疎通しやすい。

　また，さまざまな情報端末を利用すれば，気軽にコンタクトできる時代だからこそ，わざわざ時間と費用をかけて対面接触することに意味や価値を見出す場合がある。重要事項の決定には，契約者双方の代表が契約書にサインをして握手を交わすが，こうした行為はその最たる例だろう。つまり，情報通信技術が発達して情報の流動性が高まるほど，対面接触の重要性はさらに高まるという，いわば「情報のパラドックス」がオフィスの都心集中を強める所以と考えられる。

　つぎに，テレワークの通勤代替効果に関する批判的見解としては，たとえば，Giuliano（1998）がロサンゼルス大都市圏を事例に通勤流動を分析し，テレワーカー

と非テレワーカーの通勤時間を比較したところ，両者には有意な差が認められなかった。Shen（1999）もテレワーカーの都心へのアクセシビリティを分析しているが，彼らは常時，在宅で勤務しているわけではないので，テレワークを導入しても通勤代替効果は低いという。さらに，在宅勤務が従業者の生活の質（QOL）向上につながるといった見解に対しても懐疑的な主張があり，たとえば Burns（2000）はアリゾナ州フェニックス市を事例に在宅勤務と就業時間との関連を分析している。在宅勤務は始業と終業時間が不規則になることが多く，業務が昼夜を問わず断続的に発生しやすい。そのため，オフィスで勤務するよりも，在宅勤務の方が長時間勤務になると指摘している。

　つまり，Gillespie and Richardson（2000）の主張の通り，在宅勤務などのテレワークは，郊外での雇用を拡大させる一方，テレワーカーを管理・統括する本社の業務も増大するので，都心に向かう情報流や交通流の総量は，むしろ増加するとみるべきだろう。

## 2）日本の事例

　日本を事例とした研究は，欧米のそれよりも蓄積が少なく，総じて地理学ではなくむしろ都市計画学や都市経済学の分野で研究が先行している。

　まず，通信・通勤コストなどを説明変数として都市の一般均衡モデルを構築する論考によれば，慢性的な交通混雑などが外部不経済を拡大させ，都心における集積の利益は低下傾向にある。この状況下で情報インフラを拡充し，通信・通勤コストが逓減されるならば，地代の安価な郊外にオフィスを配置することが理論的には最適解となる（水鳥川，1987；田中ほか，1991；石澤，1995；太田，1996；村山ほか，1997）。

　オフィスの配置をめぐっては，地域事例に即した検証も進められ，たとえば，中林（1989）や芦沢（1993）などは，「情報化」という新しい潮流がオフィスの立地に大きな影響をもたらすと仮定し，情報処理業の立地構造を分析している。小川・石川（1989, 1990）によると，ソフトウェアの開発工程を上流と下流に大別したところ，顧客である発注元が都心に立地しているため，上流工程を担当す

る大手の情報処理業は，都心および都心周辺に集中し，発注元との近接性を保持している。一方，発注元との対面による接触頻度が低い下流工程は，安価な地代と人材を求めて，郊外や地方に分散する傾向にある。

　発注元との接触頻度と情報処理業の立地との関係については，伊藤（1999）も東京都内から発注されるソフトウェアの地域別受注コストを算出した結果，東京都内での接触頻度が週1回程度であれば，郊外に立地した方が，受注コストは安価になると論じている。

　個別業種の立地分析以外の論考に目を転じると，1980年代以降，東京大都市圏郊外で整備が進む業務核都市に着目した研究がある。東京都心からおおむね30〜40 km圏に形成された新しい業務地区には，バックオフィスや研究開発部門などが立地しており，いずれも取引企業や一般消費者との対面による接触頻度が低い部門部署である（小川・石川，1991；1992）。

　以上の既存研究で指摘されるようにオフィスの郊外立地は，対面接触の頻度が低いことを前提としていることから，本章2節で整理した欧米の既存研究で得られた知見の域を脱していないと考えられる。

　つぎに，オフィスの郊外立地に伴う職住近接効果に関する論考をみていこう。職住の最適配置を検討した鈴木（1992；1994）や田頭（1994）によると，オフィスが郊外にある一定の水準で立地した場合，職住の近接効果により都心通勤と比較して通勤時間は短縮する。この点に関してはⅥ章で詳述するが，従業者に対する質問紙調査から，都心から郊外へ転勤異動した際，異動前後の平均通勤時間は異動後の方が短時間であった。さらに通勤時間の短縮だけではなく，従業者の住宅取得行動に対しても影響を与えており，都心通勤時では取得が困難である東京大都市圏の外部郊外（outer suburb）に住宅を取得する若年労働者の存在を確認している。

　また，テレワークの通勤代替効果については，たとえば，西村ほか（1991）が在宅勤務者数と都心通勤者数を試算しており，前者が堅調に増加することを前提にすると，今後20年間で東京都心通勤者は最大で約45万人程度減少すると予測している。松村ほか（1990）も，立地コストを試算し，東京都心30 km以内にサ

20    I 章    オフィスが郊外に立地する意義と課題

テライトオフィスを配置すれば，通信・交通コストが逓減し，高い経済性が得られると結論づけている。

　通信コストの遠近格差が是正される中で，テレワークをはじめとする分散型オフィスのあり方が改めて問われている。分散型オフィスは通勤時間の短縮化や余暇時間の拡大を従業者にもたらすだけではなく，大規模災害へのリスクヘッジにもつながる可能性がある [12]。とりわけテレワークに関する研究は，その導入ノウハウを論じる経営学的視点のみならず，従業者の職住関係を議論した地理学的研究の蓄積が待たれよう [13]。

## 4　小　括

　1990 年代初頭までの研究では，近未来の理想的な都市像を謳った「情報化社会論」に立脚した論考が多い傾向にあった。情報が時空間の障壁を超えて流動することにより，人々が時間と場所にとらわれることなく接触できれば，都心にオフィスを集中させる優位性は著しく低下するという主張である。

　しかし，本章 3 節で整理したように，情報通信技術が発達し，立地の自由度が高まったとしても，それはせいぜい対面接触の頻度の低いバックオフィスであり，非定型的な情報の交換・蓄積が不可欠な中枢管理機能は依然，都心に集中し続けているのが実情であった。さらに高い通勤代替効果が期待されるテレワークについても，現段階では完全に在宅勤務へ移行できる水準には達しておらず，オフィスに出勤せずとも業務を遂行できるという，全く新しいワークスタイルの確立には至っていない。

　情報通信技術の発達とオフィス立地との関係性をさらに議論するためには，たとえば，情報の「質」や「重み」を考慮した視点が必要であろう。処理内容や仕様が決まっている基幹業務や会計業務システムなどの定型的情報と，構造的な意味づけに基づかないアイディアや曖昧なメッセージなどの非定型的情報は，同じ情報といえども，その性質や意味合いに大きな違いがある。ただし，実証分析に耐え得るデータは個人情報保護の観点から，近年，開示されない場合が多く，克

服すべき課題は山積している。

　したがって，情報通信技術の発達に伴うオフィスの郊外立地に関する分析は，本章で整理した既存研究をもって議論の収束をみることはできず，研究の方法論を含めた地道な検討を積み重ねる余地があろう。

　奇しくも東日本大震災が発生した後，都心に集中したオフィスを再配置させる動きが俄かに高まっている。とりわけ，東京をはじめとする中心都市が被災した場合に備えて，データセンターなどのバックアップ機能の整備が急がれる。

　情報システムの分野には，システム障害時の対応として，ホットサイト（障害時に主系統と切り替わる従属的なシステムが常に稼働している施設）や，コールドサイト（障害発生時に代替的なシステムを構築できように，二重床やケーブル，電力，空調を完備した空のコンピュータルーム）を事前準備する考え方がある [14]。

　このような概念に立脚すると，東京都心から陸続きであり「遠からず，近からず」の地域として，北関東地域は整備に適した地域のひとつではなかろうか。すでに群馬県では地震などの大規模災害が少ない内陸県の特性を生かし，「群馬県バックアップ機能誘致協議会」をいち早く立ち上げて，東京に集中するオフィスの誘致に取り組んでいる [15]。

　バブル経済崩壊以降，北関東地域のビル空室率は高止まりの状態にあり，近年では 2008 年のリーマンショックの影響を受け，空室率が好転する兆しはみえていない [16]。空室となったビルの利活用を検討することは，その地域にとって喫緊の課題であるが，ひとつの方向性としてスクラップ・アンド・ビルド方式による新たなインテリジェントビルを建設するのではなく，既存のビルを改修し，前述したホットサイトやコールドサイトとして再利用することは，比較的簡便で現実味を帯びている。

　大規模災害に備えた安心で安全な都市像を模索していく中で，中心都市を下支えする郊外や地方の役割は決して小さくはない。

22 　I 章　オフィスが郊外に立地する意義と課題

## 注

1）平成 22 年国勢調査「従業地による 15 歳以上従業者総数」の数値に基づく。

2）『日経不動産マーケット情報』2011 年 5 月 20 日付による。

3）日経不動産マーケット情報（2012）が東日本大震災発生後に実施した企業調査によると，外資系企業は日系企業よりも免震や耐震といった高い防災性能を備えたビルを志向している。

4）アメリカ合衆国以外の事例としては，Matthew（1993）や Freestone and Murphy（1998）などがある。なお，郊外核の詳細については序章を参照されたい。

5）首都機能移転に関する最近の動向については，国土交通省「国会等の移転ホームページ」http://www.mlit.go.jp/kokudokeikaku/iten/（2015 年 8 月 4 日閲覧）を参照のこと。

6）戸所（2000）は，大都市圏の中心都市に機能を集中させるのではなく，周辺都市にも応分の機能を分担させて，都市間の水平的なネットワークを構築する「分都市化」という概念を提唱している。

7）最近の事例としては，ニューヨークメロン銀行（BNY Mellon）がウォールストリート内に所有する自社ビルを売却し，ハドソン川対岸のジャージーシティ（Jersey City）とホーボーケン（Hoboken）への移転を検討している。移転理由に，オフィスコストの削減と，行政当局の優遇税制を挙げている（ブルームバーグ紙 2013 年 12 月 17 日付電子版およびニューヨークタイムズ紙 2014 年 1 月 28 日付電子版）。

8）アトランタ大都市圏以外にも，ミネアポリス（Baerwald, 1978）やミルウォーキー（Erickson and Wasylenko, 1980），ボルティモア（Erickson and Gentry, 1985），ポートランド（Davis et al., 1994）などの大都市圏で郊外核が確認されている。

9）榊原（2013）によると，英語圏向けのコールセンターはインドやフィリピンなどに進出してきたが，近年の急速な経済発展によって労働賃金が上昇しているという。長期的には，パキスタンやスワジランド，ジンバブエなどの後発発展途上国が進出先として有望である。

10）テレワークには，主な勤務地が自宅である在宅型テレワーク（ホームオフィス）や職住近接を目的として大都市圏郊外に小規模なオフィスを設置するサテライトオフィス，夏季のスキーリゾートホテルをはじめ，豊かな自然環境の中でオフィスワークに従事するリゾートオフィスなどがある（森川，2005）。

11）日本テレワーク協会によると，在宅型テレワークとは，①主たる勤務地が自宅であること，②在宅勤務が原則的に週 8 時間以上であること，③パソコンなどの情報通信機器を利用し，業務がテレコミュニケーションで行われる就業形態を指す（テレワー

ク白書 2009 編集委員会編，2009)。

12）日本テレワーク学会では 2011 年に「大震災とテレワーク」と題した特集を「日本テレワーク学会誌」で組み議論している。

13）テレワークに関する地理学的研究は，古賀（2001），有留・石川（2003），佐藤（2015）などを散見するに過ぎない。

14）ホットサイトやコールドサイトを準備する以外にも，たとえばクラウドコンピューティングのようにサーバを分散することで，システム障害に伴う損害を最小限度にとどめている。

15）群馬県ホームページ，http://www.pref.gunma.jp/07/b0900126.html（2015 年 8 月 3 日閲覧）による。

16）CB リチャードエリス『不動産白書』各年版によると，茨城県，栃木県，群馬県の平均空室率は，統計が存在する 1997 ～ 2012 年の期間で，おおむね 10％台後半で推移している。この数値は北海道や東北などの地方都市とほぼ同水準である。

# II 章

# オフィス立地の全国的な動向

## 1 はじめに

　大都市圏が担う役割は, 産業構造の転換とともに大きく変化してきたといえる。
第二次世界大戦後, 日本の三大都市圏には, 鉄鋼業, 造船業, 機械工業などの重
厚長大産業が集積し, 京浜, 阪神, 中京の各工業地帯が日本の基幹産業をリード
しながら高度経済成長の達成に大きく貢献した。

　ところが, アメリカ合衆国における貿易赤字と財政赤字が累積すると, 国際決
済通貨である米ドルの安定性は失われ, 外国為替市場が不安定な値動きを繰り返
すようになる。市場の安定化に追われた各先進国は 1985 年 9 月のプラザ合意を
経て, ドル安へ誘導する金融政策をとり始めた。プラザ合意以降, 日本では急激
に円高が進み, とりわけ製造業は生産コストの上昇を抑えるため, 国内の生産拠
点を地代や人材が安価なアジア諸国に移転させていった。

　生産拠点の海外移転を契機に国際的な分業体制の確立が急がれる中, 日本は経
済のソフト化とサービス化に向けて大きく舵を切ることで, 就業構造をブルーカ
ラー主体からホワイトカラー主体へ転換させていく。

　本章では, 従業者が工場からオフィスへ移り変わる転換点となった 1980 年代
以降に着目し, オフィス立地の全国的な傾向を統計資料より考察する。また, 日
本で最もオフィスが集中する東京大都市圏では, オフィスの郊外立地が進む。そ
の端緒を開いた多極法と業務核都市基本構想の概要を整理し, 次章以降で試みる
事例研究の目的を明らかにする。

## 2 オフィス立地と需給バランス

ブルーカラーからホワイトカラーへの転換は、職業別従業者数の推移で読み取ることができる（図表 II -1）。

まず、1960年当時の全国の就業構造を素描すると、農林漁業従業者が1,322万人（従業者全体の29.8%）で最も多く、製造・制作作業従業者の1,279万人（同：28.8%）、販売，サービス業従業者の894万人（同：20.1%）、オフィス従業者の810万人（同：18.3%）を上回っていた[1]。60年代半ばまでは、少数派であったオフィス従業者は、以後、そのほかの職業が横ばいもしくは減少に転じる中で、目覚ましい増加を遂げていく。1964年に販売，サービス業従業者を超えると、そのわずか3年後には農林漁業従業者を凌ぎ、1982年には、ついに製造，制作作業従業者を抜いて最も多くの従業者を擁するに至る。2010年現在、オフィス従業者は半世紀の歳月を経て当時の約3倍に相当する2,431万人、全従業者の約4人に1人がオフィスで働く時代となった。

いまや最も多くの従業者が勤務するオフィスであるが、その分布には偏りがあ

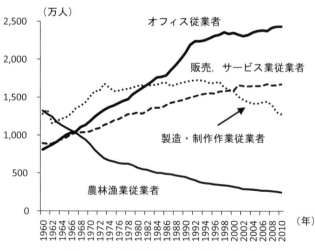

図表 II -1　職業別従業者数の推移（全国）
資料：労働力調査により著者作成

る。2006年のオフィス立地数と1986～2006年の増加寄与率を都道府県別に図示すると，オフィスは人口規模に比例して三大都市圏と地方中枢都市を基軸に分布しており，中でも東京都への集中が際立っている（図表Ⅱ-2）。立地数上位の都道府県は，東京都が約24.4万ヶ所（全体の23.4％）で最も多く，ついで大阪府の約11.7万ヶ所（同：8.8％），愛知県の約7.7万ヶ所（同：6.1％），北海道の約6.9万ヶ所（同：4.4％），福岡県の約6.0万ヶ所（同：4.0％）と続き，東京都が2位以下の道府県を大きく突き放している。

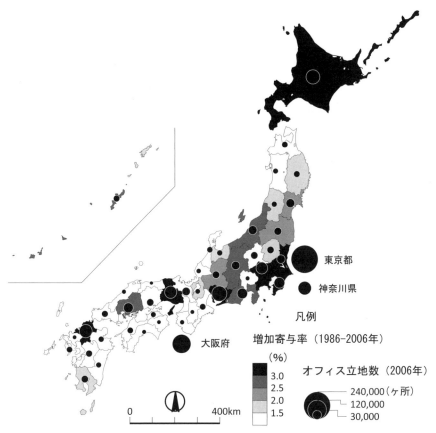

図表Ⅱ-2　都道府県別オフィス立地数と増加寄与率
資料：事業所・企業統計調査により著者作成

東京都への集中は増加寄与率の高さからも示される。具体的な数値を挙げると，東京都が 16.5% で最も高く，ついで愛知県の 6.9%，埼玉県の 6.3%，神奈川県の 5.4%，千葉県の 4.4% の順に並んでおり，この 20 年間で東京都とその周辺 3 県，すなわち東京大都市圏にオフィスが集中する傾向を表している。一方，支店経済によって支所オフィスの立地が比較的多いとされる北海道，宮城県，広島県，福岡県の各道県では，増加寄与率の値が 2.3 〜 3.5% の範囲にとどまっており，上述した都県の値には及ばない。また三大都市圏の一角を担う大阪府に至っては増加寄与率が - 0.8% となり，全国で唯一，立地数が減少した。

東京大都市圏にオフィスが集中する傾向は，単に立地数の増加に終始しない。たとえば，1 オフィスあたりの従業者数を都道府県別に示すと，従業者数が平均で 14 名を超える都道府県は，1986 年時点で北海道，宮城県，千葉県，東京都，神奈川県，富山県，愛知県，大阪府，兵庫県，佐賀県の 10 都道府県にのぼる。しかし，2006 年時点では千葉県，東京都，神奈川県，愛知県，大阪府の 5 都府県に半減する（図表 II -3）。例示した数値は単純にオフィス立地数を従業者数で除したに過ぎないので断定できないが，地域経済に少なからぬ影響を与える大手企業が地方都市から撤退し，オフィスを東京大都市圏に集中させている一端と解釈できよう。したがって，高度経済成長期にオフィスは人口規模に比例して三大都市圏と地方中枢都市を中心に配置されてきたが，1980 年代以降は，とりわけ東京大都市圏への集中が進んだことで，都市の階層性は首位都市である東京のみが突出する様相を呈している [2]。

以上のように全国レベルでみると，東京大都市圏にオフィスは集中し，その規模を拡大させてきた状況が理解できる。全国で最もオフィスが集中する東京大都市圏であるが，大都市圏レベルでとらえた場合，オフィスはどのように立地しているのであろうか。

まず，オフィス従業者の推移を都心と郊外に大別して集計すると，特別区内（都心）のオフィスで従業する者は，1975 〜 2005 年の 30 年間で，約 268 万人から約 331 万人に増加したが，最近 5 年間に限るとその数は純減している（図表 II -4）。しかも，特別区で従業する者の割合は 58.7% から 47.8% に縮小し，従業者

2 オフィス立地と需給バランス 29

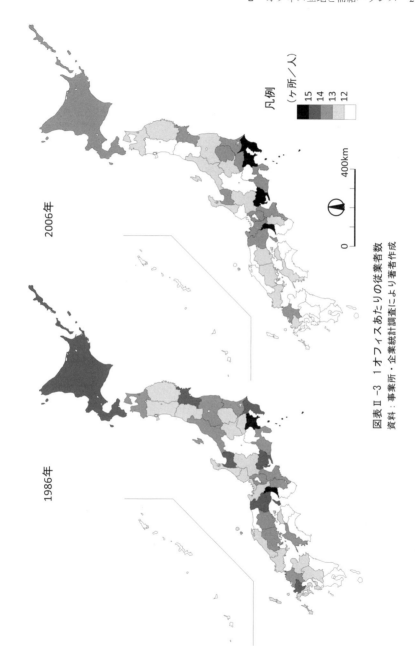

図表Ⅱ-3 1オフィスあたりの従業者数
資料：事業所・企業統計調査により著者作成

30　Ⅱ章　オフィス立地の全国的な動向

**図表Ⅱ-4　東京大都市圏におけるオフィス従業者の推移**

|  |  | 1975年 | 1980年 | 1985年 | 1990年 | 1995年 | 2000年 | 2005年 |
|---|---|---|---|---|---|---|---|---|
| 都心 | 東京特別区 | 2,684,985 | 2,782,360 | 3,114,512 | 3,510,669 | 3,520,695 | 3,373,976 | 3,305,597 |
|  |  | 58.7 | 55.7 | 53.4 | 51.9 | 49.3 | 48.3 | 47.8 |
| 郊外 | 東京市町村 | 327,730 | 384,517 | 469,223 | 550,749 | 616,406 | 608,234 | 602,252 |
|  |  | 7.2 | 7.7 | 8.0 | 8.1 | 8.6 | 8.7 | 8.7 |
|  | 神奈川県 | 783,995 | 864,060 | 1,058,768 | 1,270,273 | 1,374,312 | 1,352,748 | 1,349,928 |
|  |  | 17.1 | 17.3 | 18.1 | 18.8 | 19.2 | 19.4 | 19.5 |
|  | 埼玉県 | 411,925 | 509,257 | 635,929 | 761,220 | 857,413 | 869,049 | 886,608 |
|  |  | 9.0 | 10.2 | 10.9 | 11.2 | 12.0 | 12.4 | 12.8 |
|  | 千葉県 | 367,090 | 453,013 | 556,924 | 676,652 | 772,622 | 777,780 | 771,578 |
|  |  | 8.0 | 9.1 | 9.5 | 10.0 | 10.8 | 11.1 | 11.2 |
| 大都市圏全体 |  | 4,575,725 | 4,993,207 | 5,835,356 | 6,769,563 | 7,141,448 | 6,981,787 | 6,915,963 |
|  |  | 100.0 | 100.0 | 100.0 | 100.0 | 100.0 | 100.0 | 100.0 |

単位:上段(人)，下段(%)
資料:国勢調査により著者作成

が都心から郊外に比重を移している。郊外に目を転じると，神奈川県の従業者は約78.4万人（大都市圏全体の17.1%）から約135.0万人（同：19.5%）に，埼玉県も同様に約41.2万人（大都市圏全体の9.0%）から約88.7万人（同：12.8%）に，千葉県も同様に約36.7万人（同：8.0%）から約77.2万人（同：11.2%）に，それぞれ増加している。元来，郊外とは都心のベッドタウンであり，居住機能が卓越する地域である。しかし，上述した数値をみる限り，この30年間で郊外の役割は「居住の場」のみならず，「従業の場」としての役割を持ちつつある。

　さらに詳しく従業者の増減を把握するために，市区町村単位で考察していきたい。図表Ⅱ-5によると，1990～2005年の15年間に従業者数が1万人以上増加した特別区以外の自治体は，横浜市（約5.5万人増），千葉市（約2.3万人増），八王子市（約1.3万人増），旧大宮市（約1.3万人増），旧与野市（約1.2万人増）であり，いずれも1988年に業務核都市の指定を受けた自治体と符合する[3]。業務核都市については本章2節で詳述するが，1980年代以降，大都市圏郊外で展開されたオフィス開発事業が，郊外で勤務する従業者の増加に少なからず寄与したことは明らかだろう。

　一方，中枢管理機能が立地し，数多くのオフィスを擁してきた都心では対照的

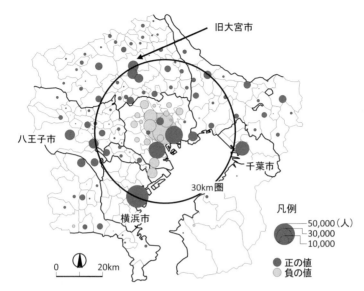

図表Ⅱ-5　市区町村別オフィス従業者の増減
注：数値は従業地ベースによる1990年の集計値から2005年の集計値を差し引いた増減数を示す。
1990～2005年に合併した自治体は合併後の市町村で集計し，横浜市と千葉市は区を考慮せずひとつの市として集計した。
資料：国勢調査により著者作成

な動きをしている。特別区で従業者が増加したのは23区中わずか5区（江東区，品川区，文京区，渋谷区，江戸川区）に限られ，大部分の特別区では従業者が減少している。中でも，丸の内，大手町，虎ノ門など東京大都市圏の中心業務地区を形成する都心3区では落ち込みが著しく，千代田区は約8.7万人，中央区は約7.2万人，港区は約0.6万人，それぞれ減少した[4]。

以上のように，東京大都市圏では従業者が都心で減少する一方，郊外では増加するという，いわば雇用機会の郊外化を惹起する状況が進展したと考えられる。

郊外にオフィスが立地する点については，支店経済に関する研究の中で，いくつかの見解が示されている（阿部，1991；日野，1996；埴淵，2002）。たとえば，日野（1996）は，郊外立地が進む要因には常住人口の増加があるとし，民間企業は地域市場の拡大に応じて営業部門を配置するため，人口増加が顕著な郊外に支

所オフィスを立地させることは合理的であるとしている。また，雇用機会の郊外化に関しては，石川（2008）が，都市発達段階モデルの文脈で，人口の郊外化から雇用機会の郊外化に至り，工場・倉庫，店舗などの現業部門に追随してオフィスが郊外化する可能性を予見している。なお，これらの視座については，Ⅲ章以降の事例研究で詳しく論じたい。

　郊外でオフィス需要が拡大すれば，当然のことながら，オフィス供給も拡大することになる。そこで以下では供給と需給バランスの視点から考察を加えていく。

　まず供給の視点であるが，生駒データサービスシステム社（現・CBリチャードエリス社）が公表している『不動産白書』各年版を基に，1990〜2005年のオフィス床面積のストック量を都心と郊外で比較する。この15年間の増加率をみると，たとえば，「大宮地区」が161.2%（8.6万坪→13.9万坪），「千葉地区」が144.1%（9.2万坪→13.3万坪）であるのに対して，都心の増加率は141.5%（432.0万坪→611.1万坪）となっている。確かに都心と郊外を比較すると，そもそも蓄積されている床面積ストック量の値が全く違うものの，増加率という視点に限れば，代表的な業務核都市では都心を上回る水準で供給が進んでいる。

　このように需給量は一様に業務核都市で拡大しているが，需給バランスを示すビルの入居率は，やや異なった変動をしている。図表Ⅱ-6によると，「横浜地区」はバブル経済崩壊による入居率下落が軽微であり，おおむね95%前後で堅調に推移している。「大宮地区」は1990年以降，そのほかの地区と同様に入居率が大幅に下落し，1993年には90%台を割り込んだ。ただし，その後は直ちに回復に転じて，一時は「都心3区」と「横浜地区」を上回る，ほぼ満室に近い水準に回復した[5]。入居率が堅調に推移している「横浜地区」と「大宮地区」に対して「千葉地区」は，同じ業務核都市であっても，回復傾向がきわめて弱い。1993年に入居率が76.3%で底打ちしたものの，その後は変動を繰り返し2005年時点で80.8%に低迷している[6]。

　つまり，郊外では総じてオフィス需給の拡大が認められ，少なくとも20〜30年前には存在しなかったオフィスが郊外に立地したことは確かであろう。しかし，同一の都心距離帯に位置する業務核都市であっても，それらの需給バランスには

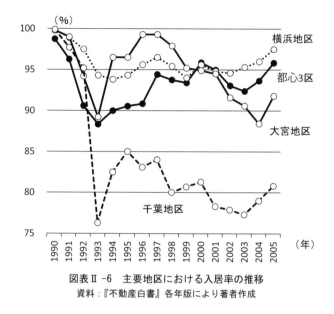

図表Ⅱ-6 主要地区における入居率の推移
資料:『不動産白書』各年版により著者作成

地域差があり，郊外を同心円状に一体的にとらえてしまうと，誤謬を招く恐れがある。この問題を回避するために，Ⅲ章以降では地域事例に則した実証的研究を試みる。

## 3 業務核都市基本構想の概要

　前節で考察したように，1980年代以降，東京大都市圏ではオフィスの郊外立地が進み，中でも都心から30～40kmに位置する業務核都市への立地が顕著であった。換言すれば，業務核都市の育成・整備がオフィスの郊外立地をうながしたといえる。そこで本節では，郊外立地に重要な役割を果たした業務核都市基本構想の概要を基に，オフィス開発事業が郊外で展開された経緯を説明する[7]。

　業務核都市の育成・整備に向けた取り組みは，1986年に策定された第4次首都圏整備計画にさかのぼることができる。この計画では「東京都区部への一極依存型構造をバランスのとれた地域構造に改善していくこと」を目的とし，東京都

34　Ⅱ章　オフィス立地の全国的な動向

図表Ⅱ-7　業務核都市基本構想の概況

| 都県 | 基本構想名 | 主な中核施設 | 策定時期 | |
|---|---|---|---|---|
| | | | 第4次首都圏整備計画（1986年6月決定） | 第5次首都圏整備計画（1999年3月決定） |
| 東京都 | 八王子・立川・多摩 青梅 | 八王子駅前再開発地区 青梅市民ホール | ○ | 多摩市を追加 |
| 神奈川県 | 川崎 | マイコンシティセンター | ○ | |
| | 横浜 | みなとみらい21地区 | ○ | |
| | 町田・相模原 | まちだテクノパーク | | ○ |
| | 厚木 | サテライトビジネスパーク | ○ | |
| 埼玉県 | 春日部・越谷 | 越谷レイクタウン | | ○ |
| | 埼玉中枢都市圏 | さいたま新都心 | ○ | |
| | 熊谷・深谷 | テクノグリーンセンター | ○ | |
| | 川越 | 鏡山酒造跡地活用施設 | | ○ |
| 千葉県 | 千葉 | 幕張新都心 | ○ | |
| | 木更津 | かずさアカデミアパーク | ○ | |
| | 成田・千葉ニュータウン | 成田国際空港 | ○ | |
| | 柏 | — | | ○ |
| 茨城県 | 土浦・つくば・牛久 | 筑波研究学園都市 | ○ | |

資料：首都圏白書などにより著者作成

心に集中したオフィスを郊外へ移転させる狙いがある。計画が立案された当初，移転させる候補地として，都心からおおむね 30 〜 40 km に位置する 11 の地域が指定された（図表Ⅱ-7）。これらの地域を業務核都市と呼び，1988 年に多極法が施行されると，国から基本構想に対する法的根拠が与えられ，業務核都市の育成・整備に向けた支援措置がとられていくことになる（多極法第一条ならびに第二十二条）。

　「この法律は，人口および行政，経済，文化等に関する機能が過度に集中している地域からこれらの機能の分散を図り，地方の振興開発と大都市地域の秩序ある整備を推進し，並びに住宅等の供給と地域間の交流を促進することにより，人口およびこれらの機能が特定の地域に過度に集中することなくその全域にわたり適正に配置され，それぞれの地域が有機的に連携しつつその特性を生かして発展している国土の形成を促進し，もつて住民が誇りと愛着を持つことのできる豊かで住みよい地域社会の実現に寄与することを目的とする」（多極法第一条）。

　　　　　　　　　　　　　　　　　　　　3　業務核都市基本構想の概要　35

　「国土交通大臣は，東京都区部における人口および行政，経済，文化等に関する機
能の過度の集中を是正し，これらの機能の東京圏（東京都，埼玉県，千葉県，神奈川
県および茨城県の区域のうち，東京都区部およびこれと社会的経済的に一体である政
令で定める広域をいう）における適正な配置を図るため，東京圏における東京都区部
以外の地域においてその周辺の相当程度広範囲の地域の中核となるべき都市の区域
（業務核都市）について，事務所，営業所等の業務施設（業務施設）を集積させるこ
とによるその整備に関する基本方針を定めなければならない」（同法第二十二条）。

　その後，1999年に決定された第5次首都圏整備計画では，とりわけ「分散ネッ
トワーク構造」が首都圏整備の指針とされ，都心一極集中の是正のみならず，業
務核都市を中心とした自立性の高い郊外核を形成するとともに，「首都圏内外の
拠点とも相互の連携・交流によって機能を分担し，補完し高めあう地域」の創出
が謳われた。第5次首都圏整備計画では，新たに町田・相模原，春日部・越谷，
川越，柏の4地域が業務核都市に加わり，2009年11月現在で15の地域が指定
を受けている。

　以下では業務核都市の中でも比較的早い段階から育成・整備が進められ，Ⅲ章
以降で詳述する埼玉中枢都市圏業務核都市（旧大宮市中心部）と千葉業務核都市
（幕張新都心），横浜業務核都市（みなとみらい21地区）の概要を整理しておき
たい。

　まず，埼玉中枢都市圏業務核都市基本構想であるが，この構想は埼玉県が
1979年に策定した「埼玉中枢都市構想」（さいたま YOU and I プラン）を基本計
画としている。本計画の主たる目的は，大宮駅西口地区の再開発であり，埼玉県
商工会館と旧大宮市の小学校跡地（いずれも公共用地）に，大規模ビルである「埼
玉県産業文化センター」（後の大宮ソニックシティと改称）を建設して，県内外
から民間企業を誘致することであった。再開発にあたっては，埼玉県と旧大宮市
の公共用地に，民間企業（日本生命保険などの企業グループ）が関連施設を建設
し，第3セクター方式でビルを管理・運営する方針がとられた。大宮ソニックシ
ティは，埼玉中枢都市圏業務核都市基本構想の中核施設に位置づけられ，さいた

ま新都心の開発に先駆けて 1988 年に竣工した。

　つぎに，千葉業務核都市基本構想であるが，1967 年に同県企業庁が千葉市幕張地区などを埋立造成し，計画人口 24 万人におよぶニュータウン建設が端緒としている。1983 年には「千葉新産業三角構想」が策定されると，成田国際空港，かずさアカデミアパーク[8] と並んで幕張新都心が県の基幹プロジェクトに位置づけられ，単なるニュータウンの建設ではなく，職住が近接した新しいビジネス街の建設へ方針転換された。オフィスを誘致するにあたり同県企業庁は，埋立造成した用地を民間企業に売却し，用地を取得した民間企業が各々，ビルなどの施設を建設するという「千葉方式」で事業展開されている。

　最後に横浜業務核都市基本構想である。この構想は，1965 年に横浜市が策定した「6 大事業」[9] のひとつである「都心部強化事業」を基本計画としており，横浜市既存市街地の再開発がみなとみらい 21 地区の出発点となる。元来，横浜市既存市街地は，三菱重工業横浜造船所などの港湾施設によって，関内，伊勢佐木町地区と横浜駅周辺地区に二分されていた。この分断を解消すべく，横浜市が三菱重工業に対して造船所の移転を申し入れ，1980 年に造船所の本牧ふ頭への移転が正式に決定した。造船所跡地とその沖合を埋立造成したことで，みなとみらい 21 地区の開発用地が確保された。三菱重工業から開発用地の一部を購入した三菱地所が民間企業最大の地権者となり，ビルなどの施設建設に主導的な役割を担っている。

　以上のように，業務核都市基本構想は，各地域の実情に応じたローカルな開発事業から，東京都心に一極集中したオフィスを郊外に移転させるという，東京大都市圏全体を俯瞰した国の上位計画へと発展し，構想の実現に向けた取り組みが推進された。

# 4　事例研究の位置づけ

　本書で取り上げる旧大宮市中心部，幕張新都心，横浜みなとみらい 21 地区の特徴は，図表 II-8 にまとめることができる。本章 2 節で整理したように，旧大

4　事例研究の位置づけ　37

図表Ⅱ-8　事例研究で考察するオフィス開発事業

| | 旧大宮市中心部 | 幕張新都心 | 横浜みなとみらい21 |
|---|---|---|---|
| 開始年次 | 1979年 | 1973年 | 1965年 |
| 当初目的 | 公共用地再開発 | 埋立造成による<br>ニュータウン建設 | 三菱重工業横浜造船所<br>移転に伴う再開発 |
| 開発主体 | 第3セクター（埼玉県，<br>旧大宮市，日本生命を<br>中心とした企業グループ） | 千葉県企業庁 | 民間企業<br>（三菱グループ） |
| オフィス<br>床面積 | 約3.5万㎡ | 約113万㎡ | 約136万㎡ |
| 就業者数 | 約2,000人 | 約35,000人 | 約50,000人 |
| 進出企業数 | 65社 | 301社 | 359社 |
| 既存市街地ま<br>での距離 | 0.3km | 8.0km | 1.2km |

宮市中心部は公共用地を活用した市街地再開発事業であり，開発主体は旧大宮市と埼玉県，日本生命などから組織された第三セクターである。幕張新都心は千葉県企業庁の埋立造成地を民間企業が購入し，土地を取得した企業がビルなどの施設を建設する方法で開発が進められた。横浜みなとみらい21地区は三菱重工業横浜造船所跡地の再開発事業であり，造船所の移転を契機として，これまで分断していた2つの都心を一体化する目的で三菱グループが主導した。このように同一都心距離圏内に存在する業務核都市であっても開発主体と経緯は三者三様であることがわかる。

　開発主体と経緯の違いに付け加えて，オフィス開発事業が展開された中心地（中核地区）から既存市街地までの距離にも地域差が認められる。中核地区－既存市街地の直線距離を計測したところ，旧大宮市中心部（大宮ソニックシティ－大宮駅間）は約0.3km，幕張新都心（幕張メッセ－千葉駅間）は約8.0km，横浜みなとみらい21地区（ランドマークタワー－関内駅間）は約1.2kmであった。つまり，旧大宮市中心部と横浜みなとみらい21地区のように，オフィス開発事業が既存市街地から近い地区で展開されれば，既存市街地には一定数のオフィスが立地しているので，広域から誘致せずともオフィスを獲得できる[10]。一方，幕張新都

38  II章  オフィス立地の全国的な動向

心のように既存市街地から離れた地区で展開されれば，中核地区の近隣にオフィスは存在しないので，より広域から誘致しなければならない。そのため，中核地区から既存市街地までの距離が，多極法の基本理念（業務核都市が東京都心に集中した企業を受け入れる）に温度差を生じさせる可能性は高い。とりわけ幕張新都心の場合，そのほかの地区よりも「オフィスの大票田」たる東京都心を意識して誘致しなければ，オフィスを獲得することは困難であろう。

　したがって，各々の業務核都市を同一視するのではなく，それぞれの特徴（たとえば，オフィスを配置する企業の資本金規模，本社所在地，移転元所在地など）を考慮しながらオフィスの郊外立地を分析する必要がある。そこでIII章以降では，旧大宮市中心部，幕張新都心，横浜みなとみらい21地区を事例に，進出企業の特徴や移転理由などから，郊外立地プロセスを明らかにする。

## 注

1) 職業別従業者数は労働力調査の結果を再集計した数値である。各職業の対応はつぎの通りである。①農林漁業従業者は「農林漁業作業者」，②製造・制作作業従業者は「製造・制作・機械運転および建設作業者」，③販売，サービス業従業者は「販売従事者」と「保安職業，サービス職業従事者」の総計，④オフィス従業者は「専門的・技術的職業従事者」，「管理的職業従事者」，「事務従事者」の総計とした。なお，「運輸・通信従事者」，「採掘作業者」，「労務作業者」は省略した。

2) 都市の階層性や都市間結合を論じた都市システム研究には，事業所数や分布の変化を分析した論考が多数存在する。詳細は，森川（1990；1998），阿部（1991；2006），林（1991；2007），日野（1996）などを参照されたい。

3) 特別区で従業者が1万人を超えた区は臨海副都心でオフィス開発事業が進む江東区（約3.6万人増）と，品川駅再開発事業で新たなビルが竣工した品川区（約3.2万人増）に過ぎない。

4) 都心3区以外でも，たとえば副都心としてオフィス立地が盛んな台東区では約2.2万人，豊島区では約1.9万人，新宿区では約1.8万人，それぞれ従業者が大きく減少している。

5) 2000年以降はビルの竣工が相次いだため，入居率は再び下落している。

6) 生駒データサービスシステム編『不動産白書』の入居率データには，幕張新都心は

含まれていない。したがって「千葉地区」はJR千葉駅周辺地区のデータである。なお，70%台の入居率とは，函館市，弘前市，秋田市などの地方都市とほぼ同水準であり，厳しい不動産経営が想定される。

7) 旧大宮市中心部，幕張新都心，横浜みなとみらい21地区以外の概要については，東京市政調査会（1989）が詳しい。

8) かずさアカデミアパークとは，研究開発部門を誘致するために千葉県木更津市，君津市，富津市などで進められたリサーチパーク構想である。1994年にかずさDNA研究所が開設するなど，官民の研究開発部門が進出した。しかし，その後は進出企業が伸び悩み2010年1月に第三セクターの管理運営法人が約57億円の負債をもって経営破たんした。

9) 横浜市の6大事業とは，都心部強化事業のほかに，港北ニュータウン建設事業，金沢地先埋立事業，高速鉄道（地下鉄）建設事業，高速道路網建設事業，ベイブリッジ建設事業が含まれる。

10) 佐藤（2011b）が東京大都市圏を事例にオフィスの移転距離を求めたところ，1km未満の割合が全体の約3割を占め，オフィス移転は短距離移転で構成されているという。

# III章

# 営業部門の機能強化による郊外立地
## －旧大宮市中心部の事例－

## 1　はじめに

　1980年代以降，日本の大都市圏では人口の郊外化に続いて，雇用機会の郊外化が確認されるようになった[1]。すでに製造業と小売・商業，流通業は安価な地代と人材を求めて，工場・倉庫を郊外に移転させ，卸売・小売業は郊外における常住人口の増加を見込んで主要幹線道路沿線へ出店攻勢を強めている。雇用機会の郊外化がつぎの段階に進むとすれば，それは工場・倉庫，店舗などに追随して，これら現業部門を管理する業務機能（オフィス）が郊外化することであろう（石川，2008）。元来，ホワイトカラー従業の活動拠点であるオフィスは，Alonsoの地代モデルで合理的な説明がなされているおり，最も高い地代を負担できる企業，すなわちオフィスが都心に立地することにより，中心業務地区（Central Business District）が形成される。都心に立地するオフィスが郊外化するのか否かについては，さまざまな議論があり，未だ共通した見解は示されていない。

　I章で既存研究を整理した通り，オフィスの郊外立地に関する議論は欧米諸国で活発におこなわれ，多くの研究蓄積が存在する。中でも交通技術の発達と情報通信技術（ICT）の発達がオフィス立地に影響を与えるとして，その関連を問う研究が盛んである。

　たとえば，交通技術の発達とオフィス立地との関連を分析した論考によると，Hartshorn（1973）やHartshorn and Muller（1989）がアトランタ大都市圏を事例に，1960年代以降，オフィスパークと呼ばれる業務地区が郊外に建設され，企

業立地は都心を上回る水準で進んでいることを指摘した。確かに Cervero（1989）が言及しているように，アメリカ合衆国では通勤手段の約8割までが自動車であり，交通体系が自動車に依存しているといっても過言ではない。モータリゼーションが著しく発達した社会において，オフィスパークが交通結節点であるフリーウェイのインターチェンジやジャンクションに建設されることは，きわめて合理的である。また，オフィスパークには，従業者の通勤の足となる自家用車を駐車できるだけの高大なスペースが不可欠である。地代が安価で土地取得が比較的容易な郊外を志向するのはむしろ必然であろう（Fujii and Hartshorn, 1995；藤井，1999）。

　一方，日本を事例とした都市地理学的研究は，本所・支所といった経済的中枢管理機能の立地分析やビルの需給動向を分析した研究が試みられている。たとえば古賀（1998）は東京大都市圏を事例に統計資料を用いた包括的なオフィス立地分析をおこない，生産機能と物流機能に続き，オフィスが郊外への立地を強めていく可能性を予見した。山下（1993）と坪本（1996）の論考でも，前者は上場企業の支店立地を，後者はビルの供給動向をそれぞれ分析し，郊外で整備・育成が進む業務核都市にオフィスの凝集がみられると指摘した[2]。

　国内外の既存研究から得られた知見によって，オフィスの郊外立地がある一定の水準で進展したことは明らかであろう。ただし，郊外立地がいかにして起こるのか，そのプロセスに踏み込んだ実証的研究は十分に蓄積されていないため，オフィスの郊外立地が局所的にみられる例外に過ぎないのか，あるいは雇用機会の郊外化に相当する現象なのか，明確な判断ができない。

　以上の研究課題に重要な手掛りとなるのが，1980年代後半以降に相次いだ東京大都市圏郊外におけるオフィス開発事業である。これらの開発事業では，もっぱら都心に供給されてきた付加価値の高い大規模ビルが，最近まで皆無に等しかった郊外にも多数供給された。郊外に供給された大規模ビルが，いかにして建設され経営基盤を確立していったのか，オフィス開発事業の経緯を考察することは，郊外立地のプロセスを解明する上で有益であると思われる。

　郊外立地プロセスの解明を目指す中で，小川・石川の一連の成果は示唆に富む

貴重な研究である[3]。小川・石川は，幕張新都心，川崎，大宮の代表的なビルに進出した企業を対象として実態調査を実施し，郊外におけるビルの需要トレンドを明らかにした。ただし，この実態調査はそれぞれのビルが竣工してから，わずか1～2年足らずで実施されており，時間経過が浅く，テナント企業の冷静な判断基準に則って議論されたとは言い難い。

そこで本章では，オフィスの郊外立地プロセスを解明するために，東京大都市圏郊外のオフィス開発事業に着目し，大規模ビルの建設経緯と経営基盤を分析する。分析対象は旧大宮市中心部に竣工した「大宮ソニックシティ」（以下，ソニックシティと略す。）とし，その詳細は本章3節で言及する。

## 2　研究方法と分析対象地域の概要

旧大宮市は東京都心から約30 km圏に位置し，人口44.3万人（1998年現在）を擁する埼玉県の行政的中心を担う都市である（図表Ⅲ-1）。交通の要衝として発展した旧大宮市は，1992年に業務核都市の指定を受け，東京都心に集中した

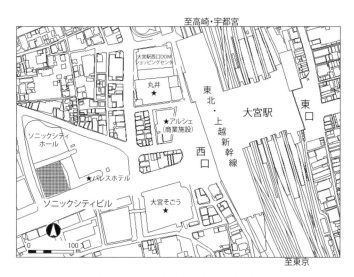

図表Ⅲ-1　旧大宮市中心部の地域概観図

オフィスの一部を再配置させる受け皿としての役割が期待されている。1999 年には「さいたま新都心」が開業し，地方公共団体，一般企業のみならず，中央官庁からも 10 省庁 17 機関，約 6,800 人の職員が移転した[4]。

本章 1 節で設定した問題の解決に向けて本節では，まず，ソニックシティの建設経緯と経営基盤を明らかにする。建設経緯については，既存資料および当ビル管理運営会社の内部資料を用いて整理する。経営基盤については，テナント企業の入居状況とその特徴から検討する。なお，分析に先立ってソニックシティに入居するテナント企業（以下，入居企業と略す）に対して質問紙調査を実施した。その概要は本章 4 節で詳述する。さらに，かかる入居企業をいかに誘致し，経営基盤を確立させたのか，企業に対する誘致活動の実態は，当ビル管理運営会社への聞き取り調査および内部資料を用いて明らかにする。

## 3　オフィス開発事業の経緯

ソニックシティはオフィス棟，ホテル棟，文化ホールの 3 棟からなる複合施設であり，そのうちオフィス棟は総延床面積 89,763 m² （うち 34,730 m² が賃貸オフィス），地下 4 階，地上 31 階，高さ 137 m の規模を持つ。この規模は 1988 年の竣工当時，東京大都市圏郊外に供給されたオフィスビルとしては最大級であり，ソニックシティはその先駆的な存在と位置づけられる[5]。

当ビルの建設には，全国初の民活を導入した公有地再開発事業という特徴がある。高いオフィス需要が見込まれる丸の内や大手町，霞ヶ関などの典型的な東京都心の場合，大規模ビルの建設は，主に大手不動産ディベロッパーの主導でおこなわれるが，この建設事業では「埼玉方式」と呼ばれる，行政（埼玉県・旧大宮市）と民間企業の共同事業として実施された。

建設事業の実施にあたっては，まず埼玉県が建設予定の所有地を民間企業に賃貸し，民間企業の資金により施設を建設している。完成後には借地権の権利金との引き換えおよび売買などにより，一定の床面積を公共施設として埼玉県が権利を取得するという「借地方式」が導入された。事業主体者となる民間企業の選定

は，埼玉県が具体的な事業計画案を公募し，1984年に入選案および事業主体者（日本生命・フジタ工業・日建設計）が正式に決定した[6]。その翌年には，埼玉県と事業主体者間で「建設事業等に関する基本協定」が締結され，敷地に対して建物所有割合に応じた借地権を設定し，埼玉県と日本生命でこれを準共有とした。さらに，埼玉県がフジタ工業から公共施設部分を売買により取得している。この埼玉県が取得した公共施設の一部は旧大宮市が売買によって取得し，現在では主に大宮商工会議所として利用されている。ソニックシティの完成および供用開始後の管理運営は，1987年に建物の区分所有者3者（埼玉県・旧大宮市・日本生命）が管理会社「大宮ソニックシティ株式会社」を設立し，オフィス棟を共同で管理している。

以上の過程を経て，当ビルは1988年4月に東京大都市圏郊外では初となる官民一体のプロジェクトによるテナント型大規模ビルとして竣工した。

ソニックシティは，ビルの規模もさることながら，その性能も竣工当時としては先端的な設備を導入しており，東京大都市圏郊外では数少ないインテリジェントビルであった[7]。

特徴的な性能を整理すると，まず，ビル内外との通信をおこなうコミュニケーションシステムは，自営のデジタルPBX（構内交換機）が設けられ，通話基本料金が安価になるほか，内線電話が無料で使用できるなど，入居企業に対するメリットは大きい。1998年4月現在のデジタルPBX利用状況は，内線電話限度許容量の952本に対して853本にのぼり，利用率は89.6%と高い[8]。

つぎに空調・電力・セキュリティなど，建物の設備装置を制御するビルオートメーションシステムは，とりわけ電力供給の主幹線に55VA／$m^2$の電源が確保され，一般的なビルよりも十分な電力容量を備えている[9]。今後見込まれる電力需要の拡大に対応するため，1998年2月に特別高圧受変電装置のトランスを5,000KWHから5,100KWHに拡充した[10]。

続いて，高度な情報処理をおこなうオフィスオートメーションシステムは，建設計画段階から将来的にLANの構築を念頭に置き，開業当時としては先端的な設備であった光ファイバーケーブルを先行敷設している。

46    Ⅲ章　営業部門の機能強化による郊外立地

　以上のようにソニックシティが建設されたことによって，付加価値の高いビル
が，これまで皆無に等しかった郊外にも供給されたことになる。ただし，ここで
重要となるのは，「付加価値の高いビルにどの程度の需要が見込めるのか」とい
う問題である。つまり，ビルが郊外に供給されたとしても，そこにテナントが入
居しなければ，優良な都市ストックも単なる過剰投資となってしまう。

　そこで本章4節では，入居企業に対する質問紙調査を手掛かりとして，当ビル
がどのような属性のテナントを獲得して経営基盤を確立していったのか検討す
る。

## 4　入居率推移と入居企業の特徴

　本節ではまず，ソニックシティにおける開業以降の経営動向を入居率の推移か
ら考察する。つぎに，当ビルの経営基盤となる入居企業の基本属性を整理して，
その特徴を明らかにする。なお，入居企業に対する質問紙調査の概要は以下の通
りである。

　調査対象企業は，1998年4月現在に入居しているすべてのテナント99社のう
ち，「店舗」や「ショールーム」などの「机上作業に従事しない事業所」を除外
した65社とした。質問紙の配布および回収は，1998年7月から8月までに調査
対象企業を直接訪問して実施した。その結果，57社から有効な回答が得られ，
回収率は87.7%となった。

　図表Ⅲ-2によると，1988〜97年7月の入居率は，90％台後半という高い水
準で推移している。前掲図表Ⅱ-6が示す通り，旧大宮市内の平均入居率は1992
〜94年に大きく下落しているが，当ビルの入居率は，ほとんど変動していない。
つまり，バブル経済崩壊以降も順調にテナントを獲得していたことになる。1991
年と92年には入居率100％を達成し，テナントの入居待ちが発生するほどの盛
況となった[11]。その後，入退去する企業が増加したものの，入居率の変動は一
貫して軽微であった。

　ところで1988年の開業時点には102社のテナントが入居していたが，その後

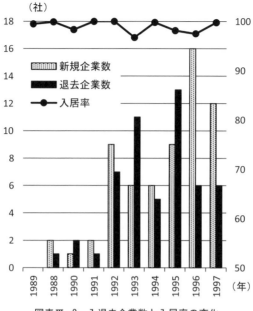

図表Ⅲ-2　入退去企業数と入居率の変化
資料：質問紙調査などにより著者作成

30社が退去している。退去したテナントの平均入居年数は5〜6年であり，主な退去理由は，企業の倒産や廃業，業務の縮小であった[12]。その一方，開業以来，入居し続けているテナントは72社と多く，定着率の高さが目立つ。つまりソニックシティは，テナントの高い定着率に支えられて，開業以来，高水準の入居率を維持してきたのである。

　続いて入居企業の特徴をみていこう。図表Ⅲ-3に示すように，入居企業の本社所在地をみると，東京都内に本社を設置する企業（以下，東京資本企業と略す）が入居企業全体（65社）の64.6%（42社）であり，埼玉県内に本社を設置する企業（以下，県内資本企業と略す）の21.5%（14社）を大きく上回っている。県内資本企業のうち，10社は当ビル内に本社を配置している。

　東京資本企業は，資本金100億円以上の大手企業の割合が東京資本企業全体（42社）の45.2%（19社）であり，「支店・営業所」などの支所オフィスとしての機

48    Ⅲ章　営業部門の機能強化による郊外立地

図表Ⅲ -3　本社所在地からみたオフィスの機能

| | 東京資本企業 | | 地元資本企業 | | その他 | | 総計 | |
|---|---|---|---|---|---|---|---|---|
| | ヶ所 | % | ヶ所 | % | ヶ所 | % | ヶ所 | % |
| 営業部門 | 41 | 40.6 | 10 | 23.3 | 9 | 56.3 | 60 | 37.5 |
| 総務・人事部門 | 17 | 16.8 | 5 | 11.6 | 2 | 12.5 | 24 | 15.0 |
| 経理部門 | 17 | 16.8 | 4 | 9.3 | 2 | 12.5 | 23 | 14.4 |
| 情報処理・システム管理部門 | 5 | 5.0 | 5 | 11.6 | 0 | 0.0 | 10 | 6.3 |
| 技術・商品開発部門 | 7 | 6.9 | 2 | 4.7 | 0 | 0.0 | 9 | 5.6 |
| 広告・宣伝部門 | 3 | 3.0 | 4 | 9.3 | 1 | 6.3 | 8 | 5.0 |
| 教育・研修部門 | 4 | 4.0 | 3 | 7.0 | 1 | 6.3 | 8 | 5.0 |
| 企画・調査部門 | 4 | 4.0 | 2 | 4.7 | 1 | 6.3 | 7 | 4.4 |
| 経営計画部門 | 3 | 3.0 | 1 | 2.3 | 0 | 0.0 | 4 | 2.5 |
| 本社 | 0 | 0.0 | 7 | 16.3 | 0 | 0.0 | 7 | 4.4 |
| 総計 | 101 | 100.0 | 43 | 100.0 | 16 | 100.0 | 160 | 100.0 |

注：複数回答による集計値である。
資料：質問紙調査により著者作成

能を果たしている。中でも「営業部門」が東京資本企業全体（101 部門）の 41
部門（40.6％）と最も高い割合を占め，「総務・人事部門」と「経理部門」が 17
部門（16.8％）で「営業部門」に準じている。

　東京都企画審議室調査部（1990）や国土庁大都市圏整備局（1997）の調査によ
ると，幕張新都心や八王子・立川・多摩などの業務核都市には，バックオフィス
の立地が顕著であると報告されている。しかし，当ビルにはそれらに相当する「情
報処理・システム管理部門」や「教育・研修部門」は総じて少なく，前者は 5 部
門（5.0％），後者は 4 部門（4.0％）と，いずれも低い割合にとどまる。つまり，
ソニックシティは他の業務核都市とは異なり，営業部門に特化した企業をより多
く受け入れているといえる。

　Li（1995）によれば，都心での対面接触の機会が少なく，業務上の戦略性の低
い「情報処理・システム管理部門」などのバックオフィスは，一般的にオフィス
コストの低廉な郊外へ都心からスピンアウトすると指摘している。ただし，ソニッ
クシティに関しては，郊外に建設されたビルでありながら，支所オフィスである
「営業部門」の入居が極めて多く，Li が主張するバックオフィスの立地とは一線
を画する。換言すれば，入居企業は何らかの理由から当ビルに営業部門を配置す
る必要があったと考えられる。この点に関しては本章 5 節で検討したい。

一方，県内資本企業は資本金1億円未満の中小企業の割合が高く，県内資本企業全体（14社）の71.4％（10社）を占め，単独事業所または本社としての機能を持つ。これら県内中小企業は主に公認会計士および法律事務所等の「専門サービス業」であり，10階の小ロット単位に区割りできる中小企業向けのスペースに入居している。

景気後退期に苦戦を強いられるビルでは，入居率対策として通常よりも格安な賃貸料を設定し，地元の優良なベンチャー企業を誘致する場合がある[13]。しかし，当ビルではこうした優遇措置はとらずに，東京資本企業の十分な需要によって安定した経営が維持されている。

それでは入居企業は何れの時点で，旧大宮市へ移転あるいは起業したのだろうか。図表Ⅲ-4によると，東京資本企業の進出は1955年から始まり，1965年以降はその数を大きく増やしている。つまり，この時期を境として当地における支店配置の重要性が高まったものと考えられる。川口（1994）や富田（1995）によ

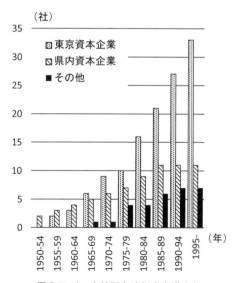

図表Ⅲ-4　本社所在地別大宮進出年
注：進出年が判明した51社を対象とする。
資料：質問紙調査により著者作成

50 Ⅲ章 営業部門の機能強化による郊外立地

れば，東京大都市圏における人口の郊外化は，郊外に常住する人口の増加率が都心のそれを上回った 1960 年代以降であるとしている。これらの既存研究に従うと，支所オフィスの旧大宮市への進出は，人口の郊外化が進展した時期とほぼ一致し，常住人口の増加が地域支店の業務強化をもたらしたと解釈できる [14]。

以上の結果から入居企業の特徴を整理すると，①入居企業の多くは東京資本企業から構成され，主に営業部門としての機能を果たしている。②東京資本企業の営業部門，すなわち支所オフィスが旧大宮市に進出した理由は，人口の郊外化に伴う地域支店の業務強化によるものである。

## 5 入居企業の選択理由

ソニックシティへ入居する際に，何らかの移転を実施した企業（以下，移転企業と略す。）は入居企業全体（65 社）の 61.5%（40 社）を占め，新設した企業（以下，新設企業と略す）の 17 社を大きく上回っている [15]。そのうち従業者数や床面積など，オフィスの物理的な規模を従前よりも拡大させた「拡張移転」は 28 社にのぼる。「拡張移転」を実施した支所オフィスの中には，部署名称を「営業所・事務所・出張所」から「支店・支局」へ変更して社内地位の格上げを図ったケースが少なくない。このような動きは，大宮オフィスが社内で重要な支所のひとつとして認識され，先に指摘した地域支店の業務強化を裏付けている。

移転企業 40 社に対して，移転元の所在地とビルの所有形態について回答を求めたところ，7 割強（31 社）が，大宮駅周辺に立地している中小規模のビルから移転した。この結果を受けてソニックシティは，東京都心の企業を誘致しているのではなく，むしろ，旧大宮市やその周辺に立地する既存オフィスを集約し，大宮オフィスの社内地位格上げに伴う規模拡大を受け入れている。

入居理由を旧大宮市の地理的理由とビルの質的理由に分けて整理すると，図表Ⅲ-5 に示す結果が得られた。まず地理的理由は，「営業網の拡大」や「主要取引先との近接性」に回答が集中している。「営業網の拡大」について複数回答による移転形態別の回答率を集計すると，移転企業（N = 40）は 70.0%（28 社），新

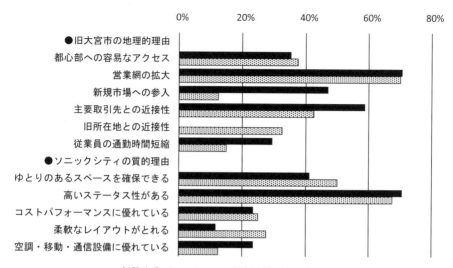

図表Ⅲ-5　進出企業の入居理由
注：複数回答による回答率を示す。
資料：質問紙調査により著者作成

設企業（N = 17）は70.6％（12社）となり，入居企業の多くが支店・営業所であることを勘案すると，旧大宮市が北関東地域の重要な営業拠点として認識されていることがわかる。

たとえばリース会社Ⅰ社の関東支店は，営業範囲が福島県と新潟県におよぶ。社用車や在来線を利用すると当日の帰社は困難であるが，東北・上越新幹線を利用すれば，片道1時間程度の移動時間で済むことから日帰りでの営業活動が可能となる。Ⅰ社では広域に点在する顧客とのアクセスを重視し，支店を旧大宮市に配置することが地理的にみて条件がよいとしている[16]。

加えて「都心への容易なアクセス」についても重要な入居理由のひとつであり，移転企業では37.5％（15社），新設企業では35.3％（6社）が回答している。当市は，東京都心まで公共交通機関を利用して，概ね1時間以内でアクセスできる。中でも東京資本企業は本社での対面による会議や打ち合わせが頻繁に実施されるため，業務上，都心との結びつきが不可欠である。

つぎにソニックシティの質的理由をみていこう。最も重視されているのは当ビルが持つ「高いステータス性」であり，移転企業の 67.5%（27 社），新設企業の 70.6%（12 社）が回答している。つまり，入居企業の多くは，ソニックシティを当該地域のランドマークと認識している。ランドマークと認識する背景には，入居企業が取引先との対面接触の便宜を図る上で，オフィスをわかりやすく，目立つ場所に設けることや，周辺よりも賃貸料の高いビルに入居することで，企業イメージや信頼性を高められるという利点が働いている[17]。

移転企業に関しては，「従前のオフィスよりもゆとりのあるスペースを確保できる」ことも重要な理由としている。たとえば，大手保険会社 N 社の大宮支社によると，従業者数が 266 人と多く，移転前は大宮支社が複数のビルに分かれていたが，ソニックシティへの移転を契機にオフィスは 1 ヶ所に統合された。この統合移転によって部署間の円滑な対面接触が可能となり，業務効率は移転前よりも向上したという[18]。

以上のように入居理由は，①地理的理由は，旧大宮市が北関東地域の営業拠点であるのと同時に，都心へのアクセスが容易であること，②ビルの質的理由は，ソニックシティに「高いステータス性」があり，入居企業が当該地域のランドマークとして認識していることにまとめられる。

ただし，地理的理由と質的理由の回答率を比較すると，入居企業は前者の理由を重視している。これは当該地域にソニックシティと同等の性能を備えたビルが少なく，ビルの質的理由には比較優位が認められないためである。しかし，1999 年に開業した「さいたま新都心」には，新築の大規模ビルが供給されることから，今後は地理的な条件だけではなく，ビルの質的な条件もテナントの重要な選択要件になるだろう[19]。

## 6　企業に対する誘致活動

本章 4 節で指摘したように，ソニックシティは開業以来，高い入居率を維持してきた。これは開業当初に定着率の高い「東京資本企業」の営業部門を多数誘致

できた帰結といえる。つまり，当ビルで実施された誘致活動が，安定した経営基盤を形成する上で重要であったと考えられる。そこで本節では，企業に対する誘致活動を考察する。

　企業誘致あたっては，ソニックシティのオフィス棟を所有している日本生命が既存のテナントビル事業のノウハウを活かして主導的に実施している。建物の区分所有者である埼玉県も「テナント誘致促進連絡会」を設置し，日本生命の誘致活動を積極的に支援した。支援の一環として県は，旧大宮市におけるオフィス需要のトレンドを把握するために，企業に対する質問紙調査を先行して実施した[20]。

　この質問紙調査によると，将来的に本社を旧大宮市に移転させる企業は165社中，わずか2社にとどまっており，本社自体を誘致することは困難であると判断した。ただし，旧大宮市と旧浦和市には，従来から支店・営業所が数多く立地していること，今後の機能強化が期待される「情報処理・システム管理部門」などの，いわゆるバックオフィスの需要が拡大することを勘案して，当ビルに誘致すべき機能は，本社ではなく，むしろ既存の支所オフィスとバックオフィスであると結論づけた。

　事前の調査結果を踏まえ，具体的な誘致活動が展開された。まず，当ビルが起工した1986年には公式パンフレットが作成され，上場企業や県内優良企業に配布された。誘致活動当初は，新築の大規模ビルであるにもかかわらず，企業側の反応は芳しくなく，厳しい営業が続いたという[21]。とりわけ，東京都心から移転を希望する企業の反応はほとんどなく，結果的に企業誘致は，近隣に立地している支所オフィスに絞り込まれていった[22]。

　その後も既存の支所オフィスに対して積極的な営業活動を続けると，次第に入居希望の照会件数が増え始め，竣工した1988年4月の半年前には，102社のテナント（うち39社が県内資本企業）が確保され，入居率は99.5％とほぼ満室稼動となった。

　このようにソニックシティは，東京都心からの移転を促す誘致活動で苦戦を強いられたものの，近隣に立地している既存の支所オフィスに対して積極的な営業

活動を展開した結果,経営基盤となる定着率の高い「東京資本企業」の支所オフィスを多数誘致することに成功した。つまり,企業誘致活動が,当ビルの経営基盤を確立する上で,重要な役割を担っていたのである [23]。

## 7　小　括

　業務核都市における入居率の回復が軒並み遅れる中で,バブル経済崩壊以降の回復傾向が強く,オフィスの郊外移転が比較的良好に進んだ旧大宮市中心部では,市街地再開発事業の一環として,テナント型大規模ビルの建設が計画された。

　旧大宮市中心部に建設されたソニックシティは,東京大都市圏郊外では初となる官民一体のプロジェクトとして計画され,インテリジェントビルの機能を備えた大規模ビルである。開業当初から高い入居率を確保し,開業から10年が経過した1998年時点においてもおおむね満室稼動となっている。

　高い入居率が維持される背景には,定着率が高い優良な企業の存在が大きい。当ビルの場合,大手東京資本企業の支所オフィスが多数入居しており,これらが入居率の維持に寄与している。

　企業がソニックシティに入居する理由は,①地理的理由は,旧大宮市が北関東地域の営業拠点であるのと同時に,都心へのアクセスが容易であること,②ビルの質的理由は,ソニックシティに「高いステータス性」があり,入居企業が当該地域のランドマークとして認識していることにまとめられる。

　テナントをより多く獲得するためには,ビルの区分所有者側の戦略的な誘致活動が不可欠であった。区分所有者は事前の市場調査に基づいて,近隣に立地している既存の支所オフィスを積極的に誘致し,定着率の高い東京資本企業の支所オフィスを確保することに成功した。

　既存研究で指摘されている通り,オフィスの郊外立地とは,都心で対面接触を要さない,戦略性の低いバックオフィスが,維持コストの低廉化を求めて都心から郊外へスピンアウトするものと理解されてきた。つまり,近年みられる情報インフラの整備や大規模ビルの供給が郊外で展開され,バックオフィスの立地をよ

りフットルースにしたことが，オフィスの郊外立地の背景とみられている。

　しかし旧大宮市中心部の事例は，幕張新都心などのバックオフィスが都心から郊外へ移転したケースではなく，東京資本企業が地域支店の業務強化を目的として，支所オフィスを積極的に配置させた事例であった。

　つまり，オフィスの郊外立地は，オフィスが都心から郊外へ直接移転する場合と，移転ではなく，オフィスを郊外に新設させる場合に分けて解釈することができる。前者の場合，政策的な誘導が強いものの，後者の場合は，郊外における常住人口が増加するならば，今後もその動きが強化される可能性はある。

## 注

1）たとえば，川口（1994），富田（1995），成田（1995），石川（2008）などの研究が挙げられる。

2）そのほかにも李（2002）や濱田（2003）などの論考がある。

3）小川・大西・石川（1988），小川・石川（1989；1990；1991；1992）。

4）国土庁編（1997）による。

5）インテリジェント・ビル研究委員会が 1986 年 8 月に実施した調査によれば，東京大都市圏郊外に供給済みおよび建設予定の延べ床面積 1 万 $m^2$ を超える大規模ビルは，わずか 7 棟であった。ソニックシティは，そのうちの 1 棟である。詳細は，建設省住宅局建築指導課監修（1998）を参照のこと。なお，最も早い時期に郊外で竣工した大規模ビルは，第一生命保険大井町本社ビル（1967 年竣工）である。ただし，自社ビルであってテナントビルではない。

6）大宮ソニックシティ株式会社によると，募集提案には，そのほかに野村不動産・大林組・岡田新一設計事務所 3 社の企業グループと第一生命グループを合わせて 3 件の提案があったという。

7）対馬（1986）によると，インテリジェントビルとは，①コミュニケーションシステム，②ビルオートメーションシステム，③オフィスオートメーションシステムが導入され，かつ，ビルの円滑な運営を図るために，①〜③を共有化して運用するシェアード・テナント・サービス（STS）が実施されるビルを指すという。

8）大宮ソニックシティ株式会社（1998）による。

9）郵政 IB 研究会（1995）によると，一般的なビルの主幹線に供給される電力容量は 40 〜 60 VA／$m^2$ であるとしている。

56    III章　営業部門の機能強化による郊外立地

10）前掲 8）

11）大宮ソニックシティ株式会社に対する聞き取り調査による。

12）前掲 11）

13）1998 年 3 月 14 日付朝日新聞朝刊による。

14）日野（1996）によれば，大宮や千葉などでは基盤的活動としての機能を備えた支店の集積が進み，広域中心都市と同程度の支店比率を示していると指摘している。

15）ただし，入居形態が不明な 8 社は分析から除外する。

16）リース会社 I 社関東支店支店長に対する聞き取り調査による。

17）調査時点におけるソニックシティの賃貸料は坪あたり約 2.5 万円であり，これは西新宿，渋谷などの副都心にほぼ匹敵する水準である。旧大宮市周辺のビルと比較しても 3 ～ 4 割ほど高い。なお，詳細はオフィスジャパン編（1997）を参照のこと。

18）大手保険会社 N 社大宮支社副支店長に対する聞き取り調査による。

19）さいたま新都心の場合，新幹線を利用するには大宮駅での乗り換えが必要となる。乗り換えにかかる時間と労力を考えると，大宮駅周辺にオフィスを配置する優位性は高い。

20）埼玉県企画財政部企画整備課（1986）によると，この質問紙調査は，1985 年 3 月に実施された。対象企業は，東証上場企業の 1,259 社のうち無作為抽出された 500 社である。有効回答数は 165 社で回答率は 33.0％である。

21）大宮ソニックシティ株式会社が 1998 年 3 月 13 日におこなった座談会での常務取締役の発言による。

22）前掲 11）

23）大宮ソニックシティ株式会社が 1998 年 3 月 13 日におこなった座談会での業務部部長の発言によると，「開業した 1 年後に営業担当となったが，バブル経済崩壊期でも，テナント誘致にはほとんど苦労はなかった」と懐古している。

# IV章

# 情報部門の機能強化による郊外立地
## ―幕張新都心の事例―

## 1　はじめに

　情報通信技術が発達し，情報が物理的な時間や距離を超えて伝達されるようになると，都市内の企業活動は大きく変化する。1990年代に入って世界を席巻したインターネットや電子メールが，対面接触の一部をテレコミュニケーションに代替したことは，その最たる例だろう[1]。対面接触の頻度が減少すれば，企業は取引関係のある顧客との近接性を考慮せず，よりフットルースな立地が可能となる。とりわけ都心に配置されてきたオフィスを，都心に集中させる必要性は低下する[2]。

　I章で整理した通り，情報通信技術をキーテクノロジーとした企業活動への影響やオフィス立地の変化を問う研究は，欧米で盛んである。その代表的な視点を挙げると，たとえば，Goddard and Pye（1977）によるコンタクトアナリシス分析やLongcore and Ree（1996）が試みたインテリジェントビルの立地分析，Kutay（1985）が論じたオフィスの最適配置モデルに関する研究などがある。2000年以降の研究でもWalcott and Wheeler（2001）が，アトランタ大都市圏を事例として光ファイバー通信網の敷設状況と企業立地との関係を検討し，近年，情報サービス産業が郊外への立地を強めているという。彼らはその要因をブロードバンドに対応できる高速データ通信網が郊外で整備されたことに求めている。

　欧米の先行研究に対して，わが国では，水鳥川（1987），太田（1990；1996），田中ほか（1991），伊藤ほか（1999）などが，オフィスコストの試算を通じて，オフィ

58    Ⅳ章　情報部門の機能強化による郊外立地

スの最適配置を論じている。これらの研究によれば，情報通信技術が今後さらに
発達し，業務接触のあり方が対面接触からテレコミュニケーションに代替される
ならば，将来的なオフィス立地は，都心一極集中から郊外や地方へ分散すると予
見している。

　しかし現段階において，どの程度，オフィスの郊外立地が進んでいるのか，地
域事例に即した実証的研究は少なく，情報通信技術とオフィス立地との関連を論
じる上で必要な基礎的知見が得られていない。

　そこで本章では，これらの問題点を踏まえた上で，情報通信技術との関連性が
強いオフィスである情報部門[3]に着目して，なぜ，情報部門が郊外への立地を
強めているのか，とりわけ幕張新都心を事例に検討する。詳細は本章2節で述べ
るが，幕張新都心は東京大都市圏郊外の中でも，比較的多くの情報部門が進出し
ている地区である。情報部門の進出が良好である幕張新都心を取り上げることで，
設定した問題解決の糸口が得られるものと考える。

## 2　東京大都市圏における情報部門の立地動向

　経済産業省『特定サービス産業実態調査報告書－情報通信サービス編』各年
版によると，東京大都市圏内に立地する情報部門の事業所数は，2000年現在で
3,288ヶ所であり，そのうち76.6%（2,519ヶ所）が東京都内に立地している。同
部門に従事している従業者も東京都内に集中しており，東京大都市圏全体の従業
者（31.3万人）のうち，79.5%に相当する24.9万人が東京都内で勤務している。

　ただし，東京都内に占める同部門の事業所数の割合は，1989～2000年の11
年間で79.8%から76.6%に，従業者数の割合も同様に84.1%から79.5%に，わず
かながら縮小しており，経年的にみると，情報部門は周辺3県への立地を強め
ている。この点を確認するために，1989年の値を1として，2000年の情報部門
の事業所数をみると，千葉県が1.85倍，神奈川県が1.54倍，埼玉県が1.23倍の
増加を示し，千葉県と神奈川県では東京都の倍率（1.27倍）を上回る（図表Ⅳ
-1）。従業者数も同様な傾向を示しており，東京都が1.32倍であるのに対して，

2　東京大都市圏における情報部門の立地動向　59

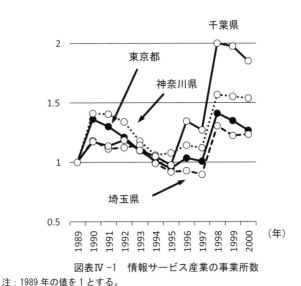

図表Ⅳ-1　情報サービス産業の事業所数
注：1989年の値を1とする。
資料：特定サービス産業実態調査（情報サービス産業編）各年版により著者作成

千葉県が 2.43 倍，神奈川県が 1.73 倍，埼玉県が 1.57 倍で，とりわけ，千葉県の急増が突出している。

　情報部門の立地が顕著である地区をより正確に特定するために，インターネットタウンページによる検索結果を通じて，同部門の立地状況を市区町村別に把握した[4]。図表Ⅳ-2 は検索で得られた情報部門の事業所数を 2000 年度事業所・企業統計調査の総事業所数で除したものである。2001 年 7 月現在の総事業所数に対する情報部門の割合は，都心（千代田区，港区，中央区）や，2000 年以降にインターネット関連企業の立地が進んだとされる都心周辺（渋谷区・新宿区）に限らず，郊外でも高い割合を示している。中でも割合が高いのは，横浜市西区（3.7%），千葉市美浜区（3.2%），立川市（2.8%）などであり，いずれも都心から概ね 30 km 圏内に位置し，1988 年以降に大規模なオフィス開発事業が進められた業務核都市の一部である。

60　Ⅳ章　情報部門の機能強化による郊外立地

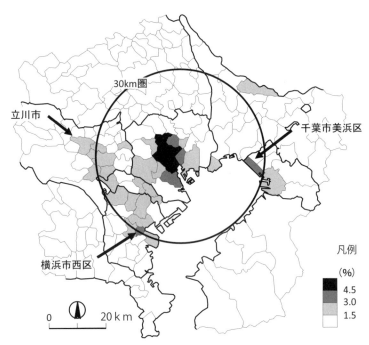

図表Ⅳ-2　全事業所数に対する情報部門の割合（2001年）
資料：インターネットタウンページおよび事業所・企業統計調査により著者作成

　ここで郊外のオフィス開発事業に関連して，横浜市西区，千葉市美浜区（幕張新都心），立川市におけるオフィスの需給バランスを入居率の推移から確認しておきたい[5]。図表Ⅳ-3によると，1992年前後に発生したバブル経済崩壊を受けて，すべての地区で入居率が下落している。ただし，入居率の下げ幅と回復に転じる時期には地域差がある。幕張新都心を除く地区では，入居率の下げ幅は比較的軽微であり，1995年までには回復に転じているが，幕張新都心では，入居率が一時的に60％台を下回る水準まで落ち込み，回復に転じる時期も1997年までずれ込んでいる。生駒データサービスシステム編『不動産白書』各年版によると，この水準は，地方都市（人口30万人以下クラス）の中小規模ビルに匹敵し，全国的にみても厳しい状況であるといえる[6]。ただし，その幕張新都心も1998年には回復に転じ，2001年4月現在の入居率は都心3区に匹敵する96.0％まで回復した。

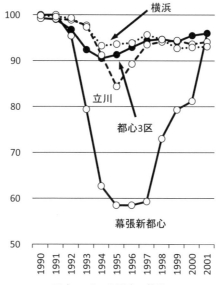

図表Ⅳ-3 入居率の推移

注：ただし、幕張新都心のデータは当地に立地するテナント型大規模ビル（Mビル）の数値である。
資料：『不動産白書』各年版などにより著者作成

　以上のように，幕張新都心は，情報部門の進出が顕著な地区であるが，当地区のオフィス需要はバブル経済崩壊後，一時的に縮小している。しかし，1990年代後半までには都心やそのほかの郊外とほぼ同水準まで回復した。つまり，幕張新都心でみられるオフィス需給の安定化は，情報部門の進出が強く関与していると考えられる。そこで次節以降では，幕張新都心を事例として，当地に進出した企業の特徴を整理し，なぜ，情報部門が多数進出したのか，その要因を検討する。

## 3　研究方法と分析対象地域の概要

　幕張新都心は東京駅から約30kmに位置する千葉業務核都市の中核地区である（図表Ⅳ-4）。オフィス開発事業の推進にあたっては，1973年に千葉県企業庁が「海

浜ニュータウン」の建設を目的として，千葉市美浜区沖を埋立造成したことを起源とする。その後，開発事業は1983年に策定された「千葉新産業三角構想」によって，千葉県の基幹プロジェクトとして位置づけられ，単なる業務機能（オフィス）の誘致にととどまらず，居住機能や学術・教育機能，商業・文化機能など一体化させる都市づくりをめざしている。さらに，1988年の多極法の施行に伴い，千葉市が業務核都市の指定を受け，幕張新都心には都心から溢出した業務機能の一部を受入れるという役割が課せられた（国土庁，1997）。1989年10月の日本コンベンションセンター（幕張メッセ）開業を皮切りに，2001年6月現在，自

図表Ⅳ-4　幕張新都心の地域概観図

社ビルを建設して進出した大手企業13社を含む301社が進出し，約3.8万人の従業人口を擁するに至っている[7]。

　幕張新都心には大手企業が出資する非上場関連子会社を含めて301社が進出しているが，企業規模が大きい場合，1企業で複数のオフィスを幕張新都心に配置している可能性があり，進出企業数がオフィス数に一致するとは限らない。しかし，本研究では外形的には把握することが困難な非上場関連子会社を分析対象に加えているため，対象企業数とオフィス数は数値的にかなり近いと考えられる。そこで，便宜的ではあるが，以下の考察では1企業が1オフィスを配置していると仮定した上で分析を試みる。なお，配置されたオフィスを把握するために，つぎのような手順を踏んだ。

　まず，幕張新都心に建設されたすべてのビルを実踏調査し，入居しているテナント企業名を把握する。ただし，来客を想定していないオフィス（たとえば，バックオフィスなど）や非上場関連子会社の場合，テナント企業名が表示されていないことが多く，外観からでは把握できない企業も存在する。これらの企業に関しては，進出企業本体（親企業）のURLを閲覧し，かつ，帝国データバンク『帝国データバンク会社年鑑－第81版－』とダイヤモンド社編『ダイヤモンド組織図・事業所便覧2000－全上場会社版－』を用いて，これらの企業が親企業とともに幕張新都心に進出しているか確認する。

　オフィスの機能についても，以上と同様の資料を用いて把握するが，既存資料から捕捉することのできない企業は，幕張勤務者に対する質問紙調査から確認する[8]。この調査では，従業者が勤務する企業名と所属する部署を把握することが可能である。したがって，調査結果を企業ごとに集計することにより，オフィスの機能をとらえることができる。

## 4　幕張新都心に進出した企業の特徴

　以上の手続きを踏んだ上で進出企業を集計すると，図表Ⅳ-5のようにまとめることができる。本社・支社別の集計をみると，本社が47.8%（144ヶ所），支

64　Ⅳ章　情報部門の機能強化による郊外立地

図表Ⅳ -5　オフィスの機能

| | 該当数 | 割合 |
|---|---|---|
| 本社 | 144 社 | 47.8 ％ |
| 支社 | 157 | 52.2 |
| 情報処理システム管理部門 | 80 | 51.0 |
| 営業部門 | 69 | 43.9 |
| 総務・人事部門 | 61 | 38.9 |
| 経理部門 | 23 | 14.6 |
| 研究・開発部門 | 15 | 9.6 |
| 技術部門 | 28 | 17.8 |
| その他の部門 | 34 | 21.7 |
| 総計 | 301 | 100.0 |

注：本社には単独事業所も含む。支社の内訳は複数回答
　（N=157）による。
資料：帝国データバンク『帝国データバンク会社年鑑－第81版－』
　　　および質問紙調査により著者作成

社が 52.2％（154 ヶ所）となり，本社と支社は，ほぼ同じ割合で配置されている。

　まず，本社について詳述すると，本社が配置された企業の業種は，「情報・通信業」が 62 社（43.1％）と最も多く，人材派遣やビル管理などの「専門サービス業」が 29 社（20.1％），「卸・小売業」の 23 社（16.0％），「製造業」の 18 社（12.5％）と続いている[9]。

　最も多い業種である「情報・通信業」に着目すると，資本金不明の企業を除く 62 社のうち，「資本金 1 億円未満」の企業は，71.0％（44 社）にのぼり，「同 1 億円～ 10 億円未満」の 19.4％（12 社）と「同 10 億円以上」の 4.8％（3 社）を大きく上回る。「資本金 1 億円未満」の設立年をみると，設立年不明の企業を除く 38 社のうち，幕張新都心の開業年にあたる 1989 年以降に設立された割合が，全体の 60.5％（23 社）と最も高く，設立年の新しい企業の割合が比較的高い。つまり，これらの企業は，幕張新都心以外の地区から移転したのではなく，当地で設立した企業である。

　さらに，業務内容を分類すると，業務内容不明の 1 社を除く 43 社中，①「マルチメディア・ウェブコンテンツ制作」（主に音楽／画像データの CD-ROM 制

作やアニメーション・ゲーム制作，DTP，ウェブデザインなどを主業とする）が32.6％（14社），②「ソフトウェアとアプリケーションのデザイン制作」（主にネットワークの構築・保守管理，ソフトウェアの開発などを主業とする）が48.8％（21社），③「インターネット接続サービス」（主にインターーネット接続サービスやテレコミュニケーションラインサービスを主業とする）が23.3％（10社）に大別される[10]。

　以上の結果から，幕張新都心に配置された「資本金1億円未満」の「情報・通信業」の本社は，当地で起業した「インターネット関連企業」であるといえる[11]。幕張新都心にインターネット関連企業が進出している点については，朝日新聞朝刊1999年10月29日付の特集記事でも言及されており，約50社が進出しているという。この数値は，本研究で得られた44社とほぼ一致するものである。

　一方，「資本金1億円以上」の15社（24.2％）は，「インターネット関連企業」ではなく，大手企業が出資して設立された非上場の関連子会社である。たとえば，三井造船システム技研，住友林業情報システム，旭硝子エンジニアリングなど，主に親会社から受注するソフトウェアの開発やシステムの構築などを主業としている企業である。つまり，これらの企業は，単純なデータ入力やコールセンターなどの定型的業務を主業とするものではないが，親会社が必要とする受注ソフトウェアやシステムを開発または構築するという点においては，バックオフィス的な性格が強い企業といえる[12]。また，これらの企業の移転元をみると，親企業の支社とともに，東京都内から幕張新都心へ直接移転した企業が大半を占め，千葉市内をはじめとする近隣からの移転はむしろ少ない[13]。

　以上のように，幕張新都心に配置された「情報・通信業」の本社は，当地で起業したインターネット関連企業と東京都内から移転した大手企業が出資する非上場関連子会社（バックオフィス）に大別されよう。

　つぎに支社の特徴であるが，資本金規模をみると，支社を配置した企業157社のうち，「資本金1億円未満」の企業の割合は，わずか8.9％（14社）であるのに対して，「同1億円〜10億円未満」と「同10億円〜100億円未満」の割合は，それぞれ22.3％（35社），「同100億円以上」の割合は，29.9％（47社）である

66　Ⅳ章　情報部門の機能強化による郊外立地

ことから，比較的大規模な企業から構成されているといえる。さらに，東京都内に本社が所在する企業の割合は 71.7%（91 社）と高く，幕張新都心に配置された支社は，東京都内の大手企業の支社であると考えられる。つぎに支社の機能をみると，前掲図表Ⅳ -5 に示すように，「情報部門」が複数回答で 51.0% と最も多く，幕張新都心に配置された支社の半数が，情報部門としての機能を果たしていることになる。

　支社が果たす機能を，その組み合わせから分類すると，①「情報部門」のみからなる支社が 55.0%（44 社），②「同部門」と「営業部門」からなる支社が 27.5%（22 社），③「同部門」と「研究開発部門」からなる支社が 17.5%（14 社）に大別される [14]。

　これらの組み合わせに従って業務内容を詳しく考察すると，①は前述した非上場関連子会社と同様に親企業から受注したソフトウェアやシステムを開発・構築している。具体的な企業名を挙げると，たとえば，ティージー情報ネットワーク（前身：東京ガスの情報処理部門，本社：東京都新宿区），日本情報通信（NTT と日本 IBM の共同出資企業，同：神奈川県川崎市），東芝エンジニアリング（東芝の100% 出資企業，同：神奈川県川崎市）などがこの類型に該当する。これらの企業の移転元も前述した非上場関連子会社と同じく東京都内にあり，企業は東京都内から幕張新都心へ直接移転している [15]。

　③は，自社ビルの建設をもって幕張新都心に進出した大手企業の研究開発部門である。前掲図表Ⅳ -4 に示した自社ビルを建設した企業のうち，東京ガス，日本 IBM，シャープ，富士通，NTT の 5 社は，パッケージソフトウェアや大規模なシステムを開発・構築する部門を設けている [16]。たとえば，シャープは幕張事業所を信号処理技術や次世代ネットワークなどマルチメディアに関連する研究開発拠点と位置づけ，常時 1,300 人の従業者を配置している。これらの企業の移転元については，本章 5 節で詳しく述べるが，自社ビルを建設して進出した企業のすべてが東京都内から移転してきたものである。

　以上のように，幕張新都心に配置された情報部門は，①インターネット関連企業，②バックオフィス，③研究開発部門の 3 つに分けることができ（図表Ⅳ -6），次節ではこれらの類型に従って，それぞれの進出要因を検討する。

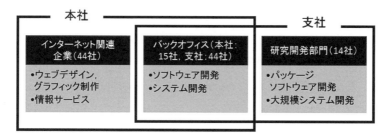

図表Ⅳ-6　情報部門の類型
注：本社は資本金規模不明の3社を除く。支社は「情報部門」と「営業部門」からなる22社を除く。
資料：現地調査などにより著者作成

## 5　進出理由

　情報部門と一概にいっても，前節で分類した通り，資本金規模や業務内容などには，相違があることが確認された。したがって，幕張新都心に進出する要因も企業によってそれぞれ異なるのは当然であろう。そこで本節以降では，前節で確認した類型ごとに幕張新都心への進出要因を検討する。

　インターネット関連企業が幕張新都心に進出した背景には，東京都内のオフィス需給量が関与していると考えられる。1990年代後半に活発化したインターネット関連企業の都心周辺（具体的には，渋谷・新宿および神田・秋葉原界隈）への集中は，小規模ビルの需要を高めた（生駒データサービスシステム編，2000）。経営規模が小さいこれらの企業は，物理的に広い床面積を必要としないため，小規模ビルの需要が高まったとみられる。しかし，東京23区内における小規模ビルの供給量は極めて少ない。オフィスビル総合研究所（2001）によると，東京23区内のオフィスの在庫床面積（約150万坪）のうち，小規模ビル（標準階のフロアー面積が100坪未満）の在庫量は約31万坪であり，全体の20.7%にすぎない。また，生駒データサービスシステム編『不動産白書』によると，1999年度の小規模ビル（延べ床面積1,650 $m^2$（500坪）未満）の平均賃貸料は，渋谷地区で2.0万円，西新宿地区で1.8万円，神田・秋葉原地区[17]で1.4万円となっており，郊外における同じ規模のビルの平均賃貸料（1.2万円）よりも高い。中で

も渋谷地区では，延べ床面積1,650〜3,300 m²（1,000坪）未満の中規模ビル（月額18,750円／坪）よりも，むしろ小規模ビル（同20,360円／坪）の賃貸料が高くなるという賃貸料の逆転現象がみられた。

　つまり，都心では経営規模の小さな企業に見合う小規模ビルの供給量が少なく，かつ，郊外と比較して賃貸料が高いことから，これらのインターネット関連企業の一部が，都心を避けて郊外で起業する可能性は高まると考えられる。

　インターネット関連企業の動向を受けて，幕張新都心では大手不動産ディベロッパーなどが，これらの企業に対して誘致活動をおこなっている。本章2節で述べたように，バブル経済崩壊以降，幕張新都心の入居率は低迷しており，インターネット関連企業の誘致は，入居率回復に向けた対策の一環であった[18]。たとえば，テナント型大規模ビルの一つである「ワールドビジネスガーデン」では，三井不動産，第一生命保険，鹿島が共同して，ベンチャー企業の支援・育成を目的としたベンチャーサポートセンター（VSC）を設立した。VSCの入居資格は，①従業者が30人未満，②資本金が5,000万円以内，③売上高が30億円以内，④起業後5年以内の企業とし，これらの基準を満たす企業には，小区画のオフィススペース（18〜30 m²）を月額12.4万円（ただし，入居1年目で30 ㎡のオフィスを借りた場合）で貸し出している。この賃貸料は同じビル内に設けられている一般のオフィスと比較してほぼ1／2の水準である。1.5 Mbit専用高速回線の使用料とインターネット接続料金は別契約になるものの，賃貸料には秘書代行などの業務サービスなども含まれており，入居時に必要となる保証金も免除される[19]。この価格設定によって，オフィス維持費用は都心と比較しておよそ1／3まで削減させることができるため，VSCには2001年6月現在で25社が入居し，おおむね満室稼動となっている[20]。

　バックオフィスが幕張新都心に進出した要因については，テナント型大規模ビルM（以下，Mビルと略す。）における入居企業の入退去実績からとらえることができる。図表IV-7は，Mビルにおける2000年度の実績を示したものである。これによると，営業部門として利用していた企業の退去が目立つ一方で，情報部門として利用される企業の増床が顕著である。Mビルに対する聞き取り調査に

5 進出理由 69

図表IV-7 2000年度"Mビル"における入退去実績

| | 入居 | | 退去 | | 差引 | |
|---|---|---|---|---|---|---|
| | 企業数 | 床面積 | 企業数 | 床面積 | 企業数 | 床面積 |
| 情報処理<br>システム管理部門 | 7社 | 11902.0m² | 3社 | 1631.7m² | 4社 | 10270.3m² |
| 営業部門 | 0 | 0.0 | 3 | 1113.3 | -3 | -1113.3 |
| 総務・人事部門 | 2 | 294.9 | 2 | 402.3 | 0 | -107.4 |
| 技術部門 | 1 | 516.7 | 0 | 0.0 | 1 | 516.7 |
| その他の部門 | 4 | 572.0 | 2 | 356.9 | 2 | 215.1 |
| 本社 | 3 | 1364.9 | 6 | 1296.4 | -3 | 68.5 |
| 総計 | 17 | 14650.4 | 16 | 4800.6 | 1 | 9849.8 |

資料:ビル管理会社に対する聞き取り調査により著者作成

よれば，近年の入居率の回復は，新規に入居する企業，または，すでに入居している企業が，大口で借り受ける場合が増えたことによるものであり，とりわけ1フロア（約2,700m²）すべてを占有する「フロア貸し」が多いという。さらに，これらのテナント企業は，フロアを情報処理・システム管理などの業務をおこなう，いわゆる「バックオフィス」として利用している。確かに，前節で整理した大手企業出資の非上場関連子会社以外にも，たとえば，幕張新都心に本社機能を移転させた大手量販チェーンのイオンは，本社自社ビルに収容しきれないコールセンターの一部をMビル内に配置している。また，「情報・通信業」ではないが，同社関連子会社であるイオンクレジットサービスのコールセンターも同様にその一部がMビル内に配置している。

　Mビルに入居しているバックオフィスの移転元は，前節でも触れたように千葉市内からの短距離移転よりも，むしろ東京都内から移転してくるケースが多い[21]。その理由は，大規模なオフィス床面積を有し，かつ，多様な情報機器に対応できるインテリジェントビルを安価で確保できるためである。

　Mビルに匹敵する規模（総床面積3万㎡クラス）のビルで，まとまったスペースを確保するとなると，東京23区内では，月額平均2.3万円／坪を要するのに対して，Mビルではその1／2程度である1.3〜1.4万円／坪で済む[22]。

　以上のように，インターネット関連企業とバックオフィスの進出要因をまとめると，前者が，①都心では小規模ビルの供給が少なく，かつ，賃貸料が郊外と比

70 IV章 情報部門の機能強化による郊外立地

較して高いこと，②入居率の回復に向けた取り組みとして，大手不動産ディベロッパーなどがインターネット関連企業を積極的に誘致したことが挙げられる。一方後者は，大規模ビルにおいて，まとまったオフィススペースを安価で確保しやすいことが挙げられる。

ただし，企業規模が大きく，かつ，企業組織が複雑である大手企業が自社ビルを建設して，幕張新都心に移転する場合には，企業組織を改変させる必要があり，企業規模が比較的小さいインターネット関連企業やバックオフィスとは，状況が大きく異なる。そこで次節では，とりわけ大手企業の研究開発部門を取り上げて，同部門の幕張新都心への移転要因を検討する。

## 6　情報部門の郊外移転と企業組織の再編

先にみたインターネット関連企業やバックオフィスとは異なり，大手企業がある部門を地理的に移動させるには，組織が複雑であるため，企業組織の再編をおこなう必要があろう。そこで本節では，大手企業に対する聞き取り調査を基に，具体的にどのような組織再編を実施して，研究開発部門を郊外に移転させたのか検討する[23]。

大手情報通信関連企業であるA社は，移転以前，「営業部門」，「開発部門」，「顧客サービス部門」から成る事業所を首都圏（東京都，神奈川県，千葉県，埼玉県）約20ヶ所に分散配置し，各事業所が管轄するテリトリー内で業務をおこなっていた。これらの事業所では，テリトリー内の顧客企業に対して受注から納入およびサポートサービスに至るすべての業務を担当していたという。移転する以前までは，大容量の通信回線網が整備されていなかったため，通常の企業間取引には電話とFAXによる接触のみならず，対面による接触が頻繁におこなわれていた。したがって，事業所配置は通信コストおよび移動コストの削減を重視し，都内の顧客企業に近接した配置をとっていたといえる（図表IV-8）。

その後，A社は1993年7月に「営業部門」，「開発部門」，「ソフトウェア開発部門」をそれぞれ独立させ，「ソフトウェア開発部門」のみを幕張新都心へ移転

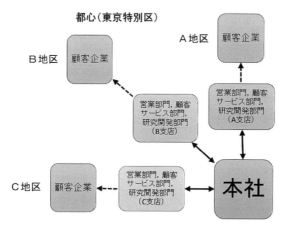

図表Ⅳ-8 A社における移転前の組織
資料：A社に対する聞き取り調査により著者作成

させた。移転に際しては，複数本の1.5 Mbit専用線から成る通信網（WAN）を構築し，米国支店を含む全事業所が，これらの専用線によって結合された。これにより，大容量のデータ交換が可能となり，ある大規模なプロジェクトを受注した場合，投入される従業者は100～200人にのぼるが，一般的な打ち合わせやデータの送受信にはすべて電子メールを介しておこなわれるようになった。

したがって，一部のプロジェクトでは，全スタッフが一堂に会する打ち合わせ（会議）は原則として必要なくなり，対面接触はプロジェクトの立ち上げ時と完成時に各部署のプロジェクトマネージャーが適宜実施する程度まで減少した。なお，A社ではより細かい内容を議論する際には，電話を利用するという。

その結果，地域事業部制組織を「開発部門」，「営業部門」，「顧客サービス部門」の3部門の職能別組織に再編し，顧客と接触する機会が少ない開発部門のみを幕張新都心に移転させる一方，顧客との接触する機会が多いサービス部門と営業部門は，ともに都内（五反田，品川）に配置するという形態に再編させた。これにより，首都圏に分散していた開発部門は幕張新都心に統合され，業務の合理化が図られたのである（図表Ⅳ-9）。

つぎに大手コンピュータメーカーのB社の事例をみていこう。移転以前のB

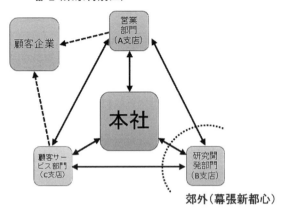

図表Ⅳ-9　A社における移転後の組織
資料：A社に対する聞き取り調査により著者作成

社は「パッケージソフト開発部門」,「顧客サポート部門」,「技術共通部門（前者2部門を組み合わせた部門）」からなる事業所を, 品川区大井町, 渋谷区恵比寿, 大田区蒲田などに配置していた。すでに, 蒲田オフィスでは, 自社ビルに収容しきれない部門を, 周辺のテナントビルに分散配置しており, 業務に支障をきたしていたという。加えて, 90年代に入ると, 研究開発部門の重要性が見直され, 業務を拡大するために, システムエンジニア（以下, SEと略す。）を大幅に増員した。そこでB社は, 1992年10月に「パッケージソフト研究開発部門」を移転させる目的で, 自社ビルを幕張新都心に建設し, 常時2,000人のSEを収容できるオフィスを確保した。移転後は, 大井町, 恵比寿, 蒲田の都内3ヶ所の事業所に, 顧客企業との近接性を重視した「顧客サポート部門」を拡充し, 幕張事業所は顧客企業との接触機会が比較的少ない「パッケージソフト開発部門」の比重を高めた。

　B社もA社と同様に1.5 Mbitの専用線でWANが構築されたため, 社内の日常的な業務接触には, 電子メールが頻繁に利用されている。業務上の対面接触は, 一般社員クラスのSEの場合はほとんどなく, 管理職クラスの一部の社員に限ら

れるという。

　以上のような A 社と B 社を事例とした業務上の接触行動については，幕張新都心まちづくり協議会が実施した質問紙調査からも確認することができる[24]。この調査によると，業務で外出する機会は，分析対象者総数 17,143 人のうち，「ほとんど毎日」が 8.1％（1,394 人），「週に 2 〜 3 回」が 13.3％（2,283 人），「週に1 回程度」が 21.4％（3,661 人），「ほとんどなし」が 57.2％（9,806 人）と回答しており，幕張勤務者の多くは，社外に赴く機会が少ない[25]。

　したがって，両社は幕張新都心に建設した自社ビルを既存の事業所と大容量高速通信網で結合させた結果，社内間の円滑なデータ交換が可能となり，テレコミュニケーションを積極的に導入した。対面接触の頻度が大幅に減少した結果，顧客との接触が比較的少ない「研究開発部門」は，都心から郊外へ移転したと考えられる。

# 7　小　括

　東京大都市圏における情報部門の立地動向を考察すると，同部門は依然として東京都内に多いものの，経年的にみると，郊外への立地が進んでいる。中でも，横浜市西区や千葉市美浜区，立川市などの都心 30 km 圏内に位置する業務核都市で顕著である。

　これらの地区では，1988 年以降に大規模なオフィス開発事業が進められ，大量のオフィス供給がなされた。ただし，その需給バランスには地域差があり，とりわけ幕張新都心では，バブル経済崩壊の影響を受けて，入居率が大きく下落している。しかし，入居率の低迷を続けた幕張新都心も，1997 年以降は急速に回復した。

　入居率の急速な回復には，都心から幕張新都心に進出した，あるいは幕張新都心で起業した情報部門が大きく関与している。当地に進出した情報部門を整理すると，①ウェブコンテンツの制作やアプリケーションのデザイン制作，あるいはインターネットの接続サービスを主業とする，インターネット関連企業，②大

手企業が出資して設立された関連子会社であり，主に親会社から受注するソフトウェアの開発やシステムの構築などを主業とするバックオフィス，③自社ビルを建設して当地に進出し，パッケージソフトウェアの開発や大規模なシステムを構築する研究開発部門に大別することができる。

これら情報部門の移転元をみると，①は幕張新都心で設立された企業が多数を占め，②および③は東京都内から移転してきたものである。

幕張新都心に進出した要因は，①と②については，都心に小規模ビルが少なく，かつ，賃貸料が郊外と比較して高いこと，入居率の回復に向けた取り組みとして，大手不動産ディベロッパーが，インターネット関連企業を積極的に誘致したこと，③については，大規模ビル内にまとまったオフィススペースを安価で確保できることである。

大手企業が研究開発部門を郊外に移転させた要因は，業務効率を高めるために同部門を1ヶ所に集約させる必要があった。幕張新都心に建設した自社ビルを既存の事業所と大容量高速通信網で結合させた結果，社内間のデータ交換がより円滑になった。テレコミュニケーションを積極的に導入することで，顧客との接触が比較的少ない研究開発部門は都心から郊外へ移転しやすくなったと考えられる。

幕張新都心に進出した企業の多くが，当地に情報部門を配置し，かつ，近隣の千葉既存市街地内ではなく，東京都内から移転してきた点については，Ⅲ章で検討した旧大宮市中心部の事例と明らかに異なっている。むしろ，都心から郊外へ移転している点については，アメリカ合衆国における郊外核の形成過程と類似している。

本章では，情報通信技術との関連が強いとされる情報部門を通じて，オフィスが郊外への立地ポテンシャルを移しつつある実態を明らかにした。ただし，東京大都市圏都心では，今後，大規模ビルの供給が活発化し，一旦郊外に移転したオフィスが再び都心へ戻る，都心回帰の動きもみられている[26]。ビルの供給が都心で進めば，都心のオフィス維持費用を押し下げ，企業が都心にオフィスを配置する経済的な負担は以前と比較して軽減する。しかし，都心の賃貸料が下落した

としても，都心より郊外の方が安価であるに変わりはなく，起業まもなく資本力が弱いインターネット関連企業や，大規模なオフィススペースを要するバックオフィス，研究開発部門は，より安価なオフィス維持費用を求めて，都心ではなく郊外を志向するものと考えられる。

　つまり，東京大都市圏におけるオフィス立地は，本社機能などの高度な意思決定や取引先との対面による接触が不可欠である部門は，将来にわたり都心に配置されるが，バックオフィスや研究開発部門など，取引先との対面による接触機会が少ない部門は，郊外に配置されるという機能分化が進むものと推測する。

## 注

1) たとえば，Graham and Marvin（2001）など。

2) たとえば，Kellerman（1984），Hepworth（1986），Castells（1989），Mitchell（1995），Graham and Marvin（1996）など。

3) 本研究では，経済産業省『特定サービス産業実態調査報告書－情報通信サービス編』に従って，情報部門を「日本標準産業分類」の小分類である「ソフトウェア業」，「情報処理サービス業」，「情報提供サービス業」，「その他の情報サービス業」（各種調査など）に属する単独事業所，本社ならびに支社オフィスとする。

4) インターネットタウンページ（http://itp.ne.jp/）による検索で用いたキーワードは，経済産業省『特定サービス産業実態調査報告書－情報通信サービス編』に準じて「情報処理サービス」，「情報提供サービス」，「コンピュータ」，「ソフトウェア業」，「インターネット関連サービス」とした。なお，検索は 2001 年 7 月 16 日に実施した。

5) 依拠するデータは，生駒データサービスシステム編『不動産白書』各年版であるが，幕張新都心は，当資料に所収されていない。そのため，幕張新都心については，便宜的ではあるが，当地に供給されたテナント型大規模ビル M のデータを用いる。

6) 入居率の大幅な下落は，テナントビルの不動産経営に深刻な影響を与えている。日本経済新聞朝刊 1993 年 12 月 17 日付によると，幕張新都心におけるテナントビルの粗利益はバブル経済期よりも 10 ～ 15％程度減少したと報じている。

7) 千葉県企業庁の公表資料によると，2000 年 2 月現在の進出企業数は，約 250 社としているが，これは，進出企業の本体のみをカウントした数値である。著者がおこなった現地調査によると，幕張新都心には大手企業の本体だけではなく，大手企業が出資する非上場関連子会社も多数進出しており，本研究では非上場関連子会社を含めた数

76  IV章　情報部門の機能強化による郊外立地

値を進出企業数と見なす。ただし，詳細不明な企業とオフィス以外の機能（たとえば，レストランやショールームなど）は除く。

8）質問紙調査は 2000 年 8 月に JR 海浜幕張駅および幕張本郷駅街頭にて従業者に調査表を直接配布し，後日，郵送にて回収した。調査表配布総数は 7,850 票であり，有効回答数は 1,590 票（回答率：20.8%）である。

9）進出企業の業種に関しては，小川・石川（1991）や金田（1992）の論考などで調査されている。いずれの論考でも，「情報・通信業」が最も多く進出している結果が得られており，本研究と符合する。

10）各社の URL，シィ産業研究所（2000），通商産業省（2000）による。

11）インターネット関連企業は，いわゆる「渋谷ビットバレー」でその存在が広く知られるようになった。なお，「渋谷ビットバレー」の詳細に関しては，林（2000），経済産業省経済産業政策局ほか（2001），絹川・湯川（2001），Arai,et.al（2004）を参照のこと。

12）通商産業省（2000）によると，富士通ゼネラルシステムエンジニアリングの場合，株保有比率は，富士通ゼネラルが 60%，富士通が 40% であり，主要取引先はこれら 2 社によって占められている。売上のうち，74% までが受注ソフトウェアの開発であり，総従業者数 141 人のうち，87.2%（123 人）がシステムエンジニアで構成されている。

13）2001 年 5 月に実施した聞き取り調査による。

14）なお，議論の精緻化を図るために，以降では分析対象を情報部門に限定する。したがって，類型②の複合的な機能を持つ支社は分析から除外する。

15）2001 年 5 月に実施した聞き取り調査による。

16）自社ビルを建設して幕張新都心に進出した企業は全体で 13 社であるが，残りの 8 社はすべて本社である。

17）生駒データサービスシステム編（2000）が設定した地域区分である神田神保町・神田小川町地区，内神田・神田須田町地区，岩本町・東神田・外神田地区の平均賃貸料とする。

18）日本産業新聞 1997 年 6 月 9 日付による。

19）日経産業新聞 1997 年 7 月 31 日付によると，VSC の契約期間は 3 年以内とし，延長は認められないという。

20）なお，全 25 社のうち 11 社がインターネット関連企業である。

21）小川・石川（1991）の論考によると，幕張新都心へ移転してきた企業のうち，東京都内を移転元とする企業は 74.5% にのぼり，千葉市内を移転元とする企業はわずか

13.7%にとどまるという。

22) 2001年5月に実施した聞き取り調査による。なお，東京23区内の賃貸料は2000
年現在のものであり，データの出所は生駒データサービスシステム編『不動産白書』
各年版である。

23) 聞き取り調査は，2001年8月に実施した。

24) 幕張新都心まちづくり協議会（1994）による。

25) 外出する従業者10,599人のうち，89.3%（9,466人）が外出先として「東京方面」
を挙げており，「千葉方面」の10.7%（1,133人）を大きく上回っている。つまり，外
出目的のほとんどが，都内に立地するフロントオフィスや主要取引先でおこなわれる
会議・打ち合わせへの出席であると推測される。

26) 都心3区では2003年に丸の内の約3倍に相当するオフィススペースが供給される。
このような大量なオフィス供給が，都心の賃貸料を大幅に引き下げる可能性はある。

# V章

# 大規模オフィス開発事業による既存市街地への影響
## －横浜みなとみらい 21 地区の事例－

## 1 はじめに

2007 ～ 10 年は，団塊世代の定年退職期にあたるため，多数の従業者が企業を去る。本格的な人口減少社会への移行と相まって，今後，ホワイトカラー従業では深刻な人材不足が懸念される。総務省統計局『労働力調査』によれば，全国のオフィス従業者数は，調査を開始した 1953 年から増加を続けてきたが，1999 年以降は増減を繰り返している。間近に控えた団塊世代の大量退職が，オフィス従業者の減少に拍車をかけることは，ほぼ間違いなかろう（前掲図表 II -1）。

しかし，オフィス従業者の減少が見込まれる一方で，彼らの活動の場であるビルは，近年まれにみる規模で供給され続けている。中でも東京大都市圏では，特別区のストック量が急増しており，1993 ～ 2003 年の 10 年間で約 5,700 万 m$^2$ から約 12,400 万 m$^2$ に倍増した [1]。これは 1990 年代後半に展開された大規模オフィス開発事業が相次いで完工し，バブル経済期を上回る規模で増床した結果である。

このようにオフィス需要の縮小が予測される中で供給のみが拡大すれば，深刻な供給過剰に陥るだろう。すでに需給バランスを示すビルの空室率は，二極化する傾向を強めており，都心から至近な地区に立地し，かつ，竣工年の新しい大規模ビルでは，開業以来，おおむね満室稼動であるものの，都心へのアクセスが悪く，老朽化した中・小規模ビルでは，空室率の上昇が深刻である（生駒データサービスシステム編，2004）。

この二極化の背景には，ビルが担ってきた役割の変化も強く関与している。元

来，ビルは従業者の働く場に過ぎなかったが，不動産証券化の流れを受けて，2001年9月に不動産投資信託（J-REIT）の2銘柄（日本ビルファンド投資法人とジャパンリアルエステート投資法人）が東京証券取引所に上場されると，収益不動産であるビルをめぐり，その収益率や投資価値などが厳しく問われるようになった（エクスナレッジ，2007）。

　つまり，従業者が劇的な増加を見込めない状況で，ビルのみが供給されるならば，競合関係にある新旧ビル間ではテナント企業の激しい争奪が発生すると考えられる。この争奪に敗れたビルは空室率の上昇によって，修繕などにかかる維持費用の資金確保が困難となり，収益不動産としての投資価値は低下することになる。したがって，新たに供給された最新鋭のビルでは，高い入居率を維持できるものの，争奪に敗れたビルでは，テナント企業の確保が困難となり，高い空室率に苦慮するという，ビルの二極化が進行する。

　ビルの二極化を含めた，最近のビルとテナント企業との関係性を論じた研究は，すでに不動産学や都市工学，建築学などで議論の俎上に載せられている。まず不動産学では，松村の一連の研究（松村，2005a；松村・竹内，2005）が，統計資料を用いてオフィス従業者と床面積の需給バランスを推計している。これらの論考では，オフィス従業者は今後も減少を続け，たとえ従業者一人あたりの床面積が拡大しても，オフィス市場全体の需要拡大にはつながらないと推測している。そのため，オフィス需要は優良な大規模ビルを頂点とした階層構造をなす。この点に関しては，山方（2000）やニッセイ基礎研究所金融研究部門（2004）も東京都心に立地する主要ビルの規模別・年次別空室率および賃貸料の分析から，同様の見解を示しており，現段階では，空室となったビルが林立するという，都心の空洞化には至っていないものの，1981年以前に竣工した新耐震設計基準を満たさないビルは，いち早くデッドストック化すると予測している。

　今後のオフィス市場を推計する不動産学の研究アプローチを受けて，都市工学および建築学では，「デッドストック化したビルをいかに有効活用するか」という，具体的な対応策が議論されている。中でも空室となったビルを事務所以外の用途に転用する「コンバージョン」の導入可能性が注目されている（松村，2002；

並木ほか，2002；佐藤，2004；Beauregard，2005）。たとえば，佐藤ほか（2005）が試みたビルの構造に関する調査によると，東京都心3区（中央区，千代田区，港区）には，オフィス賃貸料が住宅賃貸料よりも安価に設定される逆転現象（レントギャップ）が存在しており，こうした地域では住宅への転用に適しているという。ただし，建築基準法施行令等に適合した派生工事（有効採光や水回り設備等の確保）が必要なため，直ちに住宅へ転用することは困難であると結論づけている。

　不動産学で指摘されているように，今後，オフィス市場が供給過剰となるならば，都市工学，建築学で議論されている「コンバージョン」がひとつの対応策になるとともに，オフィス移転がより一層促進されると考えられる。

　オフィス移転に関しては，地理学的研究の中でも，とりわけ経済的中枢管理機能やオフィスの立地分析に多くの研究蓄積がある。近年では交通システムの整備や新しい情報通信技術の導入に伴い，これまで都心に集中してきたオフィスが郊外に分散するか否かに関心が払われてきた（坪本，1996；古賀，1998；石川，2000；古賀・河原，2002；李，2002；濱田，2003；菊池，2005；Koga，2006）。中でも東京大都市圏では業務核都市の形成により，一定の郊外立地が進んだとみられるが，アメリカ合衆国のような郊外立地に伴う都心の解体というドラスティックな動きには至っていない。しかし，保屋野ほか（2002）と松原（2006）が指摘しているように，オフィス従業者が減少する局面を迎え，ビルの供給過剰が避けられない状況では，オフィスの郊外立地のみならず，大都市圏全体の再編プロセスを注視する必要があろう。

　ビルの二極化を含めた，ビルとテナント企業との関係性を議論するにあたっては，住居移動の研究で論じられてきたフィルタリングプロセスが重要な視座を与える[2]。住居移動のフィルタリングプロセスとは，郊外で新たな住宅供給が成された場合，中所得以上の世帯が都心または都心周辺の既存住宅地から郊外の新興住宅地に転出し，彼らの前住地には低所得の世帯が転入するという居住者の社会的濾過作用を伴った連鎖的住居移動（chain migration）を指す（成田，1987）。社会的濾過作用は社会階層の順に従って世帯を上方変動させる連鎖的住居移動を

82　　V章　大規模オフィス開発事業による既存市街地への影響

伴うため，最終的には，各住宅における世帯の社会階層を選別格下げ（filtering
down）し，各世帯が居住する住宅の水準を選別格上げ（filtering up）する（Smith,
1979；1996）。つまり，この住居移動のフィルタリングプロセスをオフィス移転
に当てはめるならば，テナント企業の資本規模に応じて濾過作用が発生し，連鎖
移動を伴ったテナント企業の選別格下げとビルの選別格上げが成立すると考えら
れる。

　ビルは内部設備（たとえば，構内 LAN などの情報設備）の陳腐化が住宅より
も早く進行するため（オフィスビル総合研究所，2006），最新鋭のビルが供給さ
れると，テナント企業は業務効率の向上を目指して，世帯の住居移動以上に積極
的な移転を試みると思われる。

　オフィス移転のフィルタリングプロセスに関しては，山方(2002)や佐藤(2005)，
松原（2006）がその可能性を付言しているが，地域事例に即した実証的研究は未
だ試みられていない[3]。

　そこで本章では，大規模オフィス開発事業に伴うオフィス移転を，従来，住居
移動で議論されてきたフィルタリングプロセスを適用して分析する。検証にあ
たっては，MM21 地区を事例とし，つぎの 3 つの論点を設定する。

　第 1 は，新旧ビル間にテナント企業の争奪が起こるならば，多数の企業が横浜
市既存市街地から MM21 地区に転出するのではないかという点である。MM21
地区は既存市街地と隣接しているため，企業が良好な就業環境を求めて，転出す
る可能性は高い。

　第 2 は，多数の企業が既存市街地から MM21 地区に転出するならば，既存市
街地内のビルでは，空室率が上昇するのではないかという点である。とりわけ，
空室率の上昇を抑えるため，事務所以外の用途に転用する「コンバージョン」が
おこなわれることも予想される[4]。

　第 3 は，既存市街地内のビルが，引き続き事務所として利用された場合，入居
するテナント企業に変化が生じるのではないかという点である。空室率上昇に伴
う賃貸料の引き下げは，中・小規模企業に転入機会を与えることになる。つまり，
MM21 地区の開業によってテナント企業の連鎖移動が発生し，MM21 地区に転

出した企業と，その後，既存市街地に転入した企業を比較すると，資本金規模が小規模化するという，テナント企業の選別格下げが予想される。

## 2 研究方法と分析対象地域の概要

研究対象地域の選定にあたり，次の条件を満たした地域を抽出する必要がある。①近年，開発事業が展開され，オフィス移転が確認できること。②開発事業が，着工から研究調査年まで 10 年程度経過しており，オフィス移転が，単なる一過性の動きではないこと。③開発事業によって竣工したビルと，既存市街地内のビルには，テナント企業の争奪が見込まれること。以上の条件を満たす地域として，横浜市西区および中区に開発された MM21 地区が妥当であると考える[5]。

Ⅱ章で示した通り，MM21 地区は全国有数のオフィス市場を擁する横浜市を後背地とする，横浜業務核都市の中核地区である。1965 年に横浜市が策定した「都心部強化事業」（のちに「みなとみらい 21 事業」）を起源としており，三菱重工業横浜造船所や旧国鉄高島ヤード，高島ふ頭などの港湾施設によって分断されていた既存市街地（横浜駅周辺地区と関内地区）を一体化する目的で事業が進められた。1980 年 3 月に横浜造船所の本牧・金沢両ふ頭への移転が決定したことを受けて，1983 年 2 月には土地区画整理などの都市計画と，それに係わる地権者の所有面積が確定した（図表Ⅴ -1）。これにより，2010 年までの事業施行期間内に，①横浜市の自立性の強化，②港湾機能の質的転換，③首都圏の業務機能（オフィス）の分担を目指して，業務機能や商業機能，住宅機能などを兼備した複合的な開発が展開されることになった。事業の着工は同年 11 月であり，まず，港湾部の埋立基礎工事が着手された。オフィスの開発は，1990 年 3 月に着工した横浜ランドマークタワー（竣工年：1993 年，延床面積：39.2 万 m²）を皮切りに，1994 年 2 月のクイーンズスクエア横浜（同：1997 年，同：49.6 万 m²），1998 年のクロスゲート（同：2000 年，同：3.7 万 m²）など，2006 年までに合わせて 12 棟のビルが建設された（図表Ⅴ -2）。この間に創出されたビルの延床面積は 147.2 万㎡にのぼり，これは，横浜市全体（1,522.8 万 m²）の 9.7％に相当する[6]。2006 年以降もビル

V章　大規模オフィス開発事業による既存市街地への影響

図表V-1　MM21地区における着工時点の地権者別所有面積（1983年）

| | 地権者名 | 面積(ha) | 割合(%) |
|---|---|---|---|
| 既存土地 | 国 | 30 | 16.1 |
| | 国鉄清算事業団 | 26 | 14.0 |
| | 三菱地所 | 20 | 10.8 |
| | 横浜市 | 14 | 7.5 |
| | 都市基盤整備公団 | 4 | 2.2 |
| | 三菱重工業 | 3 | 1.6 |
| | 首都高速道路公団 | 1 | 0.5 |
| | その他 | 12 | 6.5 |
| 埋立地 | 横浜市 | 76 | 40.9 |
| | 総計 | 186 | 100.0 |

注：百分率算出の際に四捨五入したため、合計は100%とならない。
資料：三菱地所(1993)により著者作成

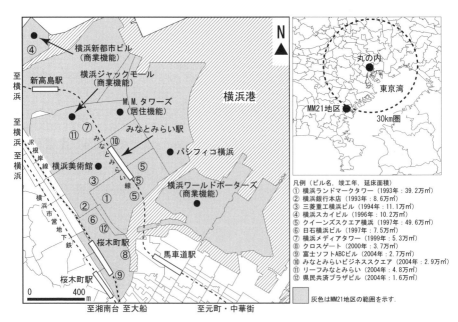

図表V-2　MM21地区の地域概観図

の建設が予定されており，中でも，日産自動車（本社：東京都中央区）が本社を移転させたことは，関連企業の移転も見込まれるため，注目に値する[7]。

　したがって，MM21地区は，開発事業の着工から，後述する調査の実施日時まで10年以上が経過しており，かつ，その周辺には日本有数のオフィス市場を擁する既存市街地が存在している点を勘案すると，オフィス移転が生じている可能性は高い。さらに，新旧ビル間ではテナント企業の争奪が見込まれることから，MM21地区は研究対象地域として妥当であるといえる。

　続いて研究方法であるが，まず2001年時点でMM21地区に進出した企業の基本属性と進出形態を確認するために，MM21地区の管理運営会社である株式会社横浜みなとみらい二十一から進出企業リストを入手した[8]。このリストには進出企業名が記載されているので，帝国データバンク『帝国データバンク会社年鑑－第81版－』やダイヤモンド社編『ダイヤモンド組織図・事業所便覧2000－全上場会社版－』，各社URLなどを用いて，資本金規模や業種等の基本属性を同定した。また，以上の資料ではとらえることができない本社・支社の別や機能等については，著者らが独自におこなった質問紙調査の結果を用いて補足した[9]。進出形態については，横浜商工会議所『横浜商工名鑑』や『タウンページ－横浜市版－』，住宅地図，各社社史，各社URLなどを用いて把握した。

　つぎに，進出する直前に入居していたビルの用途転用とテナント企業の変化を考察するため，住宅地図を用いて表札情報を確認した。住宅地図上，用途転用またはテナント企業の変化が認められたビルについては，2001年4月から11月に現地調査を実施し，延床面積や竣工年，内部施設等を明らかにした。さらに，ビルの経営状況を考察するために，不動産会社の内部資料と不動産登記情報を参照して，空室率や賃貸料，所有権の移動，抵当権の設定状況等のデータを得た。また，テナント企業の変化は，進出企業がMM21地区に転出した後，2001年時点で転入した企業の業種や本社所在地，資本金規模等を進出形態把握の際に用いた同様の資料から明らかにし，転出した企業と転入した企業の比較を試みた。

86    V章    大規模オフィス開発事業による既存市街地への影響

# 3    みなとみらい 21 地区に進出した企業の特徴

　MM21 地区には 2001 年現在で 354 社が進出している[10]。まず機能を見ると，本社・支社比率は本社が 28.8％（102 社），支社が 71.2％（252 社）であり，旧大宮市中心部と同様に支社が多数配置されている（図表 V -3）。支社について詳しくみると，営業部門が配置される割合は，支社全体の 70.6％（178 社）を占め，総務・人事部門の 33.3％（84 社），情報処理・システム管理部門の 30.2％（76 社），技術部門の 26.6％（67 社）を大きく上回っている。また，MM21 地区に支社を配置した企業の本社所在地を見ると，東京都に本社を有する割合は，支社全体の 74.2％（187 社）であり，神奈川県の 11.9％（30 社），大阪府の 3.2％（8 社），兵庫県の 2.8％（7 社），愛知県の 1.6％（4 社），広島県の 1.2％（3 社）を大きく上回っていることがわかる[11]。さらに，資本金規模の大きな企業には，東京都に本社を有するもの（以下，東京資本企業と略す）が多く，「資本金 100 億円以上」の支社（64 社）のうち，東京資本企業の割合は，82.8％（53 社）にのぼる。

　つまり，進出企業は，旧大宮市中心部の事例と同様，支店経済に立脚した東京資本企業による営業拠点としての性格を備えていると考えられる。この営業拠点

図表V -3    MM21 地区に進出した企業の機能（2001 年）

|  | | MM21 | | 幕張 | | 大宮 | |
|---|---|---|---|---|---|---|---|
| 本社 | | 102 社 | 28.8 % | 144 社 | 47.8 % | 7 社 | 10.8 % |
| 支社 | | 252 | 71.2 | 157 | 52.2 | 58 | 89.2 |
| | 情報処理システム管理部門 | 76 | 30.2 | 80 | 51.0 | 10 | 17.2 |
| | 営業部門 | 178 | 70.6 | 69 | 43.9 | 58 | 100.0 |
| | 総務・人事部門 | 84 | 33.3 | 61 | 38.9 | 24 | 41.4 |
| | 経理部門 | 21 | 8.3 | 23 | 14.6 | 23 | 39.7 |
| | 研究・開発部門 | 16 | 6.3 | 15 | 9.6 | 16 | 27.6 |
| | 技術部門 | 67 | 26.6 | 28 | 17.8 | 0 | 0.0 |
| | その他の部門 | 41 | 16.3 | 34 | 21.7 | 20 | 34.5 |
| 総計 | | 354 | 100.0 | 301 | 100.0 | 65 | 100.0 |

　注：本社には単独事業所も含む。支社の内訳は複数回答による。比較のため，幕張（2000 年）と大宮
　　　（1998 年）のデータを示した。
　資料：質問紙調査などにより著者作成

性に関しては，中島（2004b）が同様の指摘をしており，全国有数の人口規模を誇る横浜市と川崎市の地域市場に対応した支店配置，中でも営業部門の配置が進められたことに符合する。

　一方，本社を詳しくみると，業種は，情報・通信業が本社全体（102 社）の31.4%（32 社）と，最も高い割合を占め，以下，製造業が 20.6%（21 社），人材派遣やビル管理，設計などを主業とする「専門サービス業」が 18.6%（19 社），「金融保険・不動産業」が 14.7%（15 社），「その他の業種」が 10.8%（11 社）と続く [12]。また，資本金規模をみると，「資本金 1 億円未満」の割合が，本社全体（102 社）の 42.2%（43 社）を占め，「同 1 ～ 10 億円未満」の 22.5%（23 社），「同 10 ～ 100 億円未満」の 10.8%（11 社），「同 100 億円以上」の 17.6%（18 社）を大きく上回っている [13]。

　したがって，MM21 地区に本社を配置する企業は，「資本金 1 億円未満の情報・通信業」が比較的多く，これは幕張新都心の事例に類似した特徴である [14]。

　確かに本社数を単純に集計すると，比較的小規模な情報関連企業が多数抽出されるが，その一方で，MM21 地区に自社ビルを建設した大手企業も存在する。とりわけ，重工業最大手の三菱重工業は，東京都内に分散していた技術部門の一部と本牧工場（横浜市西区）内に併設していた技術部門の一部を MM21 地区に建設した自社ビルに統合させ，これを本社技術センターとした [15]。同様に，総合エンジニアリング大手の日揮は，本社（千代田区）の一部と横浜事業所（横浜市南区）を統合させるために，自社ビルを建設し，これを実質的な本社とした。さらに，情報関連企業大手の富士ソフトウェアは，本社（鎌倉市）の一部と横浜市内数ヶ所の事業所を統合させるために，MM21 地区内に本社ビルを建設した [16]。

　議論が前後するが，MM21 地区に進出した支社のうち，研究開発・技術部門の割合が旧大宮市中心部と幕張新都心よりも高いのは，こうした大手企業本社の進出が強く影響している。MM21 地区に配置された研究開発・技術部門を考察すると，三菱重工業に関連する企業は，同部門全体（78 社）の 38.5%（30 社）を占め，同社関連子会社の進出が活発である。たとえば，三菱重工プラント建設（資本金：

112億円，本社：広島市）のように，プラント内で利用される原動機や製鉄機械などの設置工事を行う企業や，三菱重工環境エンジニアリング（同：4億円，同：東京都港区）のように，プラント内の大気汚染防止装置や廃棄物処理装置のメンテナンスを行う企業は，その好例といえよう。また，菱日エンジニアリング（同：2億円，同：横浜市中区）と長菱設計（同：1億円，同：佐世保市）は，三菱重工業造船所設計部門として設立された三菱重工業の100%出資企業であり，各種船舶本体や船舶用ボイラーおよびタービンの詳細設計などの下流工程を担当し，三菱重工業本体の設計部門を支援・補佐することが主業である[17]。

　以上のように，MM21地区に進出した企業の特徴をまとめると，①東京資本企業の営業部門（ブランチオフィス）と関連子会社，②単独事業所から成る中・小規模の情報関連企業，③三菱重工業や日揮，富士ソフトウェアをはじめとする大手企業の本社から構成されている。

　これらの企業において想定されうる進出形態は，①転出元の事務所を撤収して進出した「転出型」，②転出元の事務所は存続させ，新たに事務所を開設した「併設型」，③転出元はなく，新規に事務所を開設した「新設型」の3つである。この類型に従って集計すると，進出企業全体（354社）の43.2%（153社）が「転出型」，18.1%（64社）が「新設型」，12.7%（45社）が「併設型」となっている[18]。進出形態の傾向を資本金規模との関係から考察すると，小規模資本企業ほど，「新設型」および「併設型」の割合が高く，大規模資本企業ほど，「転出型」の割合が高い傾向にある（図表V-4）。これは，前節で指摘した新興の情報関連企業がMM21地区で起業しているのと同時に，既存の大手企業が業務拡大に伴う増床を積極的におこなっていることが要因として挙げられよう。

　Daniels and Bobe（1992）とLongcore and Rees（1996）によれば，情報関連企業の立地要因として顧客企業との近接性が重要であるのと同時に，陳腐化が顕著な情報通信技術に即応できる施設，すなわち，インテリジェントビルであることも重要な立地要因であると指摘している。また，近年のビルに必要な条件を整理した松村（2005b）によれば，需要の高いビルには，①新耐震設計基準を満たした1981年以降の施工であること，②都心に至近であり交通利便性が高いこと，

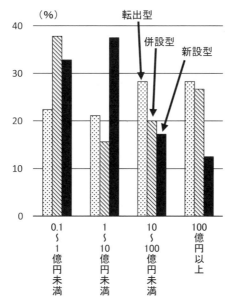

**図表Ⅴ-4　進出形態別資本金規模**
資料：質問紙調査などにより著者作成

③延床面積が3万m$^2$以上であること，が求められるという。

　本章4節で詳しく述べるが，元来，横浜既存市街地には，竣工年の古い中・小規模ビルが多く，上記の条件を満たしたビルは少ない。そうした状況の中，最新鋭の大規模ビルがMM21地区に多数供給されれば，多くの企業が既存市街地からMM21地区に転出する可能性は高くなる。確かに，三鬼商事（2005）によれば，2001年12月時点のMM21地区の平均空室率は5.2％であり，関内地区（平均空室率：11.4％）や横浜駅周辺地区（同：9.4％）と比較して空室率は低い。さらに，著者が2002年6月に実施した株式会社横浜みなとみらい二十一の企画部調整課課長に対する聞取り調査によれば，MM21地区の平均空室率は開業以来，おおむね5～10％で推移しているといい，MM21地区の高いオフィス需要を裏付けている。

　したがって，本章1節で設定した論点のように，最新鋭のビルが供給されると，

テナント企業はより条件の優れたビルへ転出するため，競合関係にある新旧ビル間では，テナント企業の争奪が発生すると考えられる。そこで，以降の分析では，「転出型」と「併設型」の企業（進出企業全体の55.9％：198／354社）に焦点を絞り，MM21地区に進出する直前の所在地を確認して，開発事業が横浜既存市街地内の不動産経営に対してどのような影響を与えたのかを考察する。

## 4 テナント企業の移転が既存市街地に与える影響

### 1）みなとみらい21地区に進出した企業の移転元

「転出型」と「併設型」の進出直前の所在地は，横浜市内に存在する割合が高く，分析対象企業全体（198社）の88.9％（176社）を占めている。中でも，中区，西区，神奈川区に集中しており，これら3区で全体の78.8％（156／198社）を占める。図表V-5は，3区内に存在する所在地を町丁目単位で示したものである。この図によると，所在地の分布は，横浜駅周辺地区と関内地区に偏在しており，分布に地理的な広がりは認められない[19]。つまり，「転出型」と「併設型」の大部分が同一市内からの近距離移転を行っているといえ，益森（1984）や山崎（2001），河原（2005）が指摘するオフィス移転の多くが短距離移転から構成される点と符合する[20]。オフィス移転に関連して，先に言及した株式会社横浜みなとみらい二十一に対する聞取り調査によると，公共セクターの地権者である横浜市は，東京都や海外からの移転に大きな期待をしていたという。なぜなら，横浜市内における企業数の増加は，法人税等の増収につながるからである。そこで，MM21地区開発当初は，東京都内の大手企業に対する誘致活動を皮切りに，同社出張所を上海とニューヨークに設置して，外資系企業の日本誘致を目指した。しかし，MM21地区の開業時期が他の業務核都市よりも3〜5年ほど遅れたことや，ランドマークタワーが竣工した1993年に生じたバブル経済崩壊に伴う景気後退によって，誘致活動は大きな成果を挙げることができなかった。そのため2001年現在では，海外出張所は全て閉鎖され，誘致活動自体，横浜市経済局誘致促進課が日本貿易振興機構（JETRO）に委託しているという[21]。

4 テナント企業の移転が既存市街地に与える影響　91

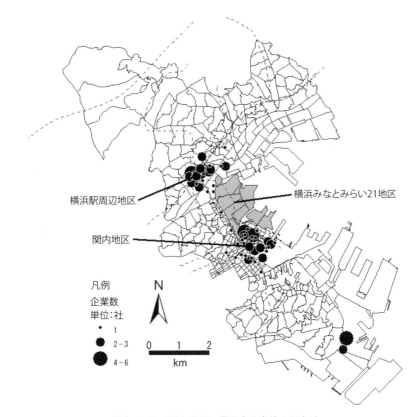

図表Ⅴ-5　MM21 地区に進出する直前の所在地
注：ただし，進出年には幅がある。最も進出年の早い企業は 1993 年（ランドマークタワーの竣工年）となり，最も進出年の遅い企業は，2000 年となる。したがって，図中の所在地は，ある時点の分布を示すものではない。
資料：各社ホームページおよび現地調査などにより著者作成

　つぎに，「転出型」と「併設型」が進出直前に入居していたビルの規模と竣工年についてみていこう。図表Ⅴ-6 によると，全体（98 棟）の 43.5％（37 棟）が延床面積 5,000 m² 未満の小規模ビルであることがわかる[22]。また，新耐震設計基準を満たさない 1981 年以前に竣工したビルは 44.7％（38 棟）にのぼり，進出直前に入居していたビルの多くは，竣工年が比較的古い中・小規模ビルであるといえる。

92    V章　大規模オフィス開発事業による既存市街地への影響

図表V-6　進出直前に入居していたオフィスビルの延床面積と竣工年

| 年次 | 5,000m²未満 | | 5,000－10,000m²未満 | | 10,000－15,000m²未満 | | 15,000m²以上 | | 総計 | |
|---|---|---|---|---|---|---|---|---|---|---|
| | 棟数 | 割合 | 棟数 | 割合 | 棟数 | 割合 | 棟数 | 割合 | 棟数 | 割合 |
| －1969年 | 10棟 | 11.8% | 1棟 | 1.2% | 3棟 | 3.5% | 1棟 | 1.2% | 15棟 | 17.6% |
| 1970－74 | 8 | 9.4 | 1 | 1.2 | 2 | 2.4 | 4 | 4.7 | 15 | 17.6 |
| 1975－79 | 3 | 3.5 | 3 | 3.5 | 0 | 0.0 | 2 | 2.4 | 8 | 9.4 |
| 1980－84 | 2 | 2.4 | 6 | 7.1 | 2 | 2.4 | 0 | 0.0 | 10 | 11.8 |
| 1985－89 | 10 | 11.8 | 8 | 9.4 | 7 | 8.2 | 2 | 2.4 | 27 | 31.8 |
| 1990－94 | 4 | 4.7 | 0 | 0.0 | 0 | 0.0 | 3 | 3.5 | 7 | 8.2 |
| 1995－99 | 0 | 0.0 | 1 | 1.2 | 0 | 0.0 | 2 | 2.4 | 3 | 3.5 |
| 総計 | 37 | 43.5 | 20 | 23.5 | 14 | 16.5 | 14 | 16.5 | 85 | 100.0 |

注：ただし，延床面積または竣工年不明の13棟は除く。
資料：住宅地図および現地調査などにより著者作成

　本章3節で指摘したように，1981年以前に竣工したビルは，耐震性や情報設備等に問題を抱えている場合が多く，とりわけ情報関連企業では，業務に支障を来す可能性が高い。また，月刊ビルディング（2006）によると，一般的なオフィス移転の動機は，複数回答（N＝1,010）の回答率で，「人員増加のため」と「事業規模拡大のため」が，それぞれ21.0％と最も高く，複数のビルに分散配置されていた事務所を1ヶ所の大規模ビルに統合させる動きが活発であるという。つまり，本章3節で整理した企業が地域市場の拡大に応じて従業者を増やすためには，MM21地区に供給された最新鋭の大規模ビルに転出する必要があったと考えられよう。

## 2）移転元となったビルの状況

　前項では，「転出型」と「併設型」がMM21地区に進出する直前の所在地とビルの特徴について考察し，入居していたビルの多くが既存市街地内に立地する比較的竣工年の古い，中・小規模ビルであったことを明らかにした。

　このように横浜既存市街地から多くの企業が転出したことは，既存市街地内のビルがMM21地区から顧客であるテナント企業の争奪を受けているととらえられる。したがって，横浜既存市街地内のビルはMM21地区の開発事業によって，

4　テナント企業の移転が既存市街地に与える影響　93

不動産経営上,少なからぬ影響を受けた可能性が高い。そこで本節では,「転出型」が進出直前に入居していたビルの用途変更の有無に着目し,横浜既存市街地内のビルが,MM21 地区の開発事業によって,いかなる影響を受けたのか考察する。

　「転出型」の進出直前の所在地が,中区,西区,神奈川区にある 156 ヶ所の事務所のうち,転出後の用途を確認できた 136 ヶ所についてみると,2001 年時点で,引き続き事務所として利用されているのは 66.2％（90 ヶ所）であった。このようにMM21 地区の開業後に新たなテナント企業が転入する,テナント企業の連鎖移動が確認されるが,その詳細は次項で扱う。

　一方,転出後に用途が転用された例を挙げると,たとえば,横浜市役所の事務所や専門学校の教室,医院などの公共施設に転用された例が 11.0％（15 ヶ所）,以下同様に,空室が 9.6％（13 ヶ所）,飲食店などの店舗が 5.9％（8 ヶ所）,ビル自体が解体され,再開発中の例が 5.1％（7 ヶ所）,その他の用途が 2.2％（3 ヶ所）となっている。

　佐藤ほか（2005）の予察的検討に従って,オフィス賃貸料が住宅賃貸料よりも安価に設定されるレントギャップを確認したところ,2001 年 4 月時点の関内地区におけるオフィス賃貸料は,平均 1.3 万円／坪であるのに対して,住宅賃貸料は平均 1.0 万円／坪であり,2001 年の時点ではレントギャップは認められない。ただし近年は,オフィス賃貸料が下落する一方,住宅賃貸料は上昇する傾向にある [23]。また,国土交通省（2002）によると,ビル所有者の多くは「建物全体の老朽化」や「耐震性能」を問題視しており,建替えや修繕・改修の必要性を認識している。ただし,建替えや修繕・改修には高額の費用がかかることや,テナント企業の確保が不確実なため,建物の老朽化や耐震性能に対する抜本的な対策を講じられずにいるという [24]。

　したがって,著者が試みた調査では,欧米で本格化している住宅への用途転用は確認されなかったが,今後,常住人口の都心回帰が一段と進み,オフィス賃貸料と住宅賃貸料の差が縮小するならば,住宅への用途転用が見込まれよう [25]。

　ところで,横浜既存市街地内のビルで用途転用がおこなわれたということは,すなわち,そこで勤務する従業者が減少し,事務所としての需要が低下したこと

94    V章　大規模オフィス開発事業による既存市街地への影響

を意味する。この点を確認するために，事業所・企業統計調査から横浜市 3 区内の事務所数と従業者数[26] を 1991 年と 2001 年の値で比較した（図表V -7）。横浜駅周辺地区が位置する神奈川区では，この 10 年間で事務所数こそ減少したものの，従業者数に関しては 5,972 人増加した。しかし，関内地区が位置する中区では，事務所数と従業者数はともに減少しており，特に後者の減少が著しい。西区についても，MM21 地区の値を除くと，事務所数と従業者数はともに減少した。つまり，横浜既存市街地内のビルにおける用途転用は，オフィス需要の低下が寄与していると考えられる。この推測を支持するように，既存市街地におけるオフィス需要の低下は，ビルの入居率推移からも指摘できる（図表V -8）。『不動産白書』各年版によると，MM21 地区開業前の横浜駅周辺地区および関内地区の入居率は，おおむね 97 〜 99％で推移していた（Ⅰ期）。しかし，MM21 地区の中核ビル「ランドマークタワー」が竣工した 1993 年になると，入居率は 93 〜 95％まで下落し（Ⅱ期），「クイーンズスクエア横浜」が竣工した 1998 年には，とりわけ関内地区で入居率が 90％を下回る状況になった（Ⅲ期）。つまり，先に示した「転出型」が進出直前に入居していたビルの 2001 年時点での入居率は，この値にほぼ合致することから，著者が得たデータは妥当であるといえる。

　さらに，MM21 地区の開業は，横浜既存市街地に立地するビルの賃貸料を下落させている。入居率推移と同様の資料を用いて MM21 地区開業前後（1993 年と

図表V -7　横浜市 3 区における事業所数と従業者数の変化

| | | | 神奈川区 | 西区 | MM21を除く | 中区 | MM21を除く | 3区合計 | MM21を除く |
|---|---|---|---|---|---|---|---|---|---|
| 1991年 | 事業所数 | ケ所 | 3,251 | 2,971 | 2,655 | 6,608 | 6,526 | 12,830 | 12,432 |
| | | ％ | 25.3 | 23.2 | 20.7 | 51.5 | 50.9 | 100.0 | 96.9 |
| | 従業者数 | 人 | 53,873 | 57,435 | 51,538 | 117,989 | 116,411 | 229,297 | 221,822 |
| | | ％ | 23.5 | 25.0 | 22.5 | 51.5 | 50.8 | 100.0 | 96.7 |
| 2001年 | 事業所数 | ケ所 | 3,137 | 2,955 | 2,391 | 5,669 | 5,531 | 11,761 | 11,059 |
| | | ％ | 26.7 | 25.1 | 20.3 | 48.2 | 47.0 | 100.0 | 94.0 |
| | 従業者数 | 人 | 59,845 | 78,408 | 48,357 | 93,439 | 87,573 | 231,692 | 195,775 |
| | | ％ | 25.8 | 33.8 | 20.9 | 40.3 | 37.8 | 100.0 | 84.5 |
| 1991- | 事業所数 | ケ所 | -114 | -16 | -264 | -939 | -995 | -1,069 | -1,373 |
| 2001年 | 従業者数 | 人 | 5,972 | 20,973 | -3,181 | -24,550 | -28,838 | 2,395 | -26,047 |

注：下段の百分率は3区合計に対する各割合を示す。百分率算出の際に四捨五入したため合計は100％とならない。
資料：事業所・企業統計調査により著者作成

4 テナント企業の移転が既存市街地に与える影響 95

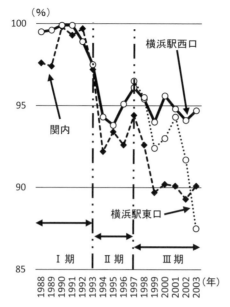

図表Ⅴ-8　横浜既存市街地におけるオフィスビルの入居率推移
資料：『不動産白書』各年版により著者作成

2003年）で比較すると，横浜駅西口地区では2.2万円／坪から1.4万円／坪に，関内地区では1.8万円／坪から1.2万円／坪にそれぞれ下落した。同期間におけるランドマークタワーの賃貸料は，3.7〜3.9万円／坪で推移したことを勘案すると，既存市街地内の賃貸料は看過できない水準まで下落したといえる[27]。

そのため，採算性の低いビルは売却される例が散見される。たとえば，横浜市中区に立地するビルAは，1965年12月に大手生命保険会社B社（本社：千代田区）によって建設された中・小規模ビル（延床面積：3,568 m$^2$）であるが，B社は2001年3月にその所有権を不動産会社C社（同：横浜市神奈川区）に売却した。また，1973年9月に設立したビル賃貸業のD社（同：横浜市西区）は，横浜市内に所有する複数のビルに対して根抵当権を設定し，大手都市銀行等から潤沢な資金の借入をおこなっていた。しかし，1990年代以降の賃貸料下落によって主業であるビル賃貸部門の業績が悪化すると，2003年9月には総額約377億

96    V章　大規模オフィス開発事業による既存市街地への影響

円の負債をもって経営破綻した[28]。

　以上のように，既存市街地内のビルでは，MM21 地区の開業によって顧客であるテナント企業の争奪を受ける結果となり，事務所以外への用途転用やビルの売却など，不動産経営に少なからぬ影響を受けたといえる。

### 3）移転元のビルに入居した企業

　先に指摘したように，既存市街地内のビルでは入居率の下落が顕著であり，テナント企業を確保するためには，賃貸料の引き下げをおこなわざるを得ない。この賃貸料の引き下げは，これまでは高賃貸料のため，入居する機会に恵まれなかった中・小規模企業に入居機会を与えることになる。すなわち，MM21 地区が開業したことでテナント企業の連鎖移動が発生し，MM21 地区に転出した企業（本章3 節における「転出型」のうち，転出元が中区，西区，神奈川区に存在する 136 社。以下，単に転出企業と略す）とその後，転出元のビルに転入した企業（本章4 節において，引き続き事務所として利用されている 90 社。以下，単に転入企業と略す）を比較すると，資本金規模が小規模化するという，テナント企業の選別格下げが予想される。

　そこでまず，両者の基本属性を比較すると，業種および設立年，本社・支社の別に関しては，明瞭な差はないものの，資本金規模と本社所在地に関しては特徴的な差が認められる。

　資本金規模と本社所在地を詳しくみると，転出企業の資本金規模は，「資本金 100 億円以上」の割合が最も高く，全体（136 社）の 39.0％（53 社）を占める。以下同様に「同 10 ～ 100 億円未満」が 31.6％（43 社），「同 1 ～ 10 億円未満」が 15.4％（21 社），「同 1 億円未満」が 14.0％（19 社）と続く。これに対して，転入企業は，「同 1 億円未満」の割合が最も高く，全体（90 社）の 28.9％（26 社）を占め，以下同様に「同 100 億円以上」が 27.8％（25 社），「同 1 ～ 10 億円未満」と「同 10 ～ 100 億円未満」がそれぞれ 21.1％（19 社）である[29]（図表V -9）。

　つぎに転出企業の本社所在地を考察すると，東京都の割合は全体（136 社）の 62.5％（85 社）と最も高く，これに次ぐ，神奈川県の 30.9％（42 社），大阪府の 3.7％

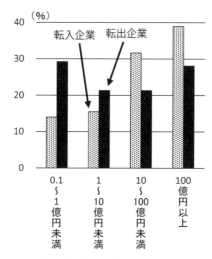

図表Ⅴ-9　転出企業と転入企業における資本金規模の比較
資料：横浜商工名鑑および各社ホームページなどにより著者作成

(5社)，宮城県，富山県，広島県，福岡県のそれぞれ 0.7%（1社）を大きく上回る。これに対して，転入企業は，東京都の割合が全体（90社）の 40.0%（36社）と最も高いものの，その割合は転出企業よりも縮小している。東京都以外の割合は，神奈川県の 32.2%（29社），大阪府の 7.8%（7社），愛知県の 4.4%（4社），静岡県の 2.2%（2社），千葉県，新潟県，広島県，香川県のそれぞれ 1.1%（1社）となる[30]。

たとえば，T社（資本金：0.2億円，本社：広島県）は 1980 年に設立された自動車開発の設計・製図を受託する企業であるが，1997 年に業務拡大を目的として横浜支店を開設した。この支店は同社唯一の支店であることから，関東地区進出に向けた重要な拠点であると推測される。また，K社（資本金：0.5億円，本社：千代田区）は求人広告雑誌を発行する企業である。神奈川支社の開設時期は比較的早く，1973 年に川崎市内に配置された。その後，横浜市内の業務拡大を受けて，1991 年に川崎市から横浜市へ転入し，さらに 1993 年には神奈川区内のビルへ転入した[31]。このように既存市街地内のビルは，横浜市内への進出を目指す後発

の中・小規模企業に対する受け皿的な役割を担っているといえる。

　以上，引き続き事務所として利用されているビルでは，入居するテナント企業の属性に変化が認められた。とりわけ資本金規模と本社所在地については，大手の東京資本企業から中・小規模の非東京資本企業へ変化している。したがって，MM21地区の開業によってテナント企業の連鎖移動が発生し，転出企業と転入企業を比較した場合，テナント企業の選別格下げが起こるといえよう[32]。

## 5　小　括

　本章の目的は，開発事業に伴うオフィス移転を，従来，住居移動で議論されてきたフィルタリングプロセスに適用させて分析し，新たに供給されるビルが，横浜既存市街地内のビルに対して，不動産経営上，どのような影響を与えるのかを解明することであった。

　本章1節で提示した3つの論点をまとめると，第1の論点であるオフィス移転については，本章3〜4節で指摘した通り，進出企業の多くが，横浜既存市街地内のビルから転出したことが明らかとなった。したがって，MM21地区の開業に伴い既存市街地内のビルではテナント企業の争奪を受けているといえる。

　第2の論点である横浜既存市街地内のビルにおける用途については，本章4節の考察から，用途転用が確認された。ただし空室となったビルを住宅に転用する例は確認されず，今後，常住人口の都心回帰がより鮮明になるならば，住宅への転用も十分考えられよう。

　第3の論点であるテナント企業の変化については，本章4節における分析から明らかなように，横浜既存市街地内のビルは，横浜市内への進出を目指す，後発の中・小規模企業を受け入れている。したがって，MM21地区の開業が，テナント企業の連鎖移動を誘発させ，結果的には，横浜既存市街地内のビルに入居するテナント企業の選別格下げを引き起こしているといえる。

　住居移動のフィルタリングプロセスをオフィス移転に当てはめた場合，図表V-10のような模式図にまとめることができる。たとえば，最新鋭のビルが竣工す

5 小括 99

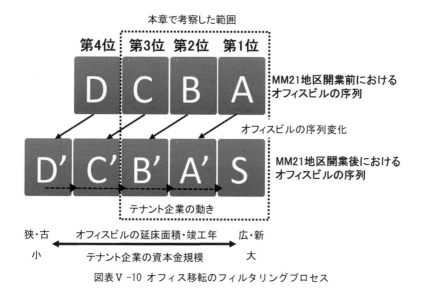

図表Ⅴ-10 オフィス移転のフィルタリングプロセス

る以前のビルの序列は，ビルAを筆頭としてB，C，D…というように序列化される。ここにビルAを上回る優良なビルが竣工すると，これまで構築されてきた序列は，最新鋭のビルSを筆頭として，ビルはそれぞれ順位を1つずつ落として再構築される。その結果，テナント企業は，業務拡大やより良好なオフィス環境を求めて，序列上位のビルへ移転を開始する。まず，ビルAに入居していた大手企業がビルSへ転出し，続いて，空室となったビルAには，中堅企業がビルBから転出する。さらに，空室となったビルBには，小規模企業がビルCから転出する。このように最新鋭のビルが竣工すれば，資本金規模の順に従ってテナント企業を上方変動させ，いわば「玉突き」のような連鎖移動が発生し，ビル内のテナント企業を選別格下げして，横浜市内に立地するビル全体の水準を選別格上げする可能性は高い。

したがって，本章1節で言及したように，本格的な人口減少社会への移行によって，オフィス需要が縮小の一途を辿るならば，序列上位のビルは，常に高い入居率を維持できるものの，序列下位のビルは，高い空室率に苦慮する，ビルの二極化がより鮮明になろう。

100　Ⅴ章　大規模オフィス開発事業による既存市街地への影響

　空室となったビルを放置すれば，中心業務地区の空洞化など，新たな都市問題に発展しかねず，これらをいかに有効利用すべきか，早急に検討しなければならない。とりわけ，昨今，情報関連企業が郊外よりも，むしろ都心や都心周辺に立地する傾向を強めており[33]，情報関連企業のインキュベーションを目的としたSOHOビルへの活用が模索されている[34]（小林，2005）。また近年では，単独世帯やDINKs世帯が，都心居住を希望していることから（矢部，2003；中澤，2005；2006；佐藤・清水，2011），事務所以外の用途として住宅への転用の可能性が考えられる。

## 注

1）東京都都市計画局『建築統計年報』各年版による。

2）住居移動のフィルタリングプロセスについては，主にインナーシティ問題に関する論考やジェントリフィケーション研究で論じられている。詳細については藤塚（1994），由井（1999），Redfern（2003）を参照のこと。

3）オフィス移転を分析した論考には，連鎖移動に言及した研究が散見される（山崎，1980；益森，1984；藤塚，1990；山崎，2001；中島，2004b；河原，2005）。ただし，これらの論考は大都市圏の物的な構造変容を射程としているため，フィルタリングプロセスまでは言及していない。

4）建物のコンバージョンによる都市空間有効活用技術研究会（2002）によると，コンバージョンとは建物の用途転用を意味し，近年欧米では，ビルの供給過剰に伴う住宅への転用可能性が注目されている。

5）本研究では，株式会社みなとみらい21（2006）に基づき，MM21地区の範囲を西区みなとみらい1丁目〜6丁目，高島1丁目，高島2丁目の一部，中区新港1丁目〜2丁目，内田町，桜木町1丁目〜3丁目とする。

6）国土交通省『平成15年法人建物調査確報集計結果（横浜市編）統計表』に収録される「株式会社が所有する建物の総延床面積（ただし，工場敷地内の建物を除く）」の値による。

7）MM21地区の詳細な開発経緯については，中島（1992；1993；2003；2004a）が詳しい。

8）調査実施年を2001年に設定した理由は，本章1節で言及したように，2001年9月の不動産証券化というオフィス市場における変革前後の比較を念頭に置いたためである。

5 小 括 101

9）この調査では，MM21 地区で勤務するオフィス従業者の勤務先企業名や職種等が把握できる。なお，調査は 2001 年 8 月 1 日，2 日に実施し，配布総数 5,090 票のうち，有効回答数は 901 票（有効回答率：17.7%）であった。調査の詳細については，VI章を参照のこと。

10）ただし，店舗やショールームなど机上作業に従事しない事務所は除く。

11）ただし，本社所在地不明の企業 2 社がある。

12）ただし，業種不明の企業が 4 社ある。

13）ただし，資本金不明の企業が 7 社ある。

14）業種および資本金規模をクロス集計し，カイ 2 乗検定をおこなったところ，5%水準で有意差が認められた。

15）中島（2004b）によると，東京都内から MM21 地区の自社ビルに移転した部門は，千代田区丸の内の技術本部および船舶・海洋事業本部と，港区田町地区の原動機事業本部，同区芝地区の原子力事業本部，新宿区富久町の機械事業本部であった。

16）3 社の経緯は，ダイヤモンド社『組織図・事業所便覧－全上場会社版』各年版および社史，URL の閲覧による。また，大手企業の進出経緯については，中島（2004b；2005）が詳しい。

17）MM21 地区に進出した三菱重工業の関連企業は，研究開発・技術部門にとどまらない。たとえば，春秋社（資本金：5,000 万円，本社：東京都港区）は，東京海上火災保険の損害保険代理店として発足した関連企業であり，エム・エイチ・アイ・ツーリスト（同：4 億円，同：東京都千代田区）は，旅行代理業を取扱う関連企業である。なお，MM21 地区に進出した関連企業は，本社・支社を合わせて 44 社であり，進出企業全体（354 社）の 12.4%に相当する。

18）ただし，進出形態不明の企業が 92 社ある。

19）横浜市以外の所在地は，東京都および川崎市がそれぞれ 3 社，仙台市が 1 社であった。なお，所在地不明企業が 14 社ある。

20）近距離移転が卓越する要因には諸説あるが，月刊ビルディング（2006）によると，一般的な理由として「事務所の電話番号が変わらないこと」が挙げられる。

21）横浜市は MM21 地区以外でも外資系企業の誘致に取組んでいる。たとえば，同市緑区白山ハイテクパークや同市保土ヶ谷区横浜ビジネスパークにビルを建設して，前者にはドイツ系企業を，後者にはカナダ系企業を誘致する取組みがされている。

22）延床面積は，三鬼商事株式会社，三幸エステート株式会社，シービー・リチャードエリス株式会社の内部資料から抽出した。また，各社内部資料に記載のないビルにつ

102　V章　大規模オフィス開発事業による既存市街地への影響

いては，ArcGIS を用いて，ゼンリン住宅地図（Zmap Town Ⅱ）に収録されている建物の階数に床面積を乗じた値を代用した。

23）生駒データサービスシステム編『不動産白書』各年版および週刊住宅情報賃貸版（首都圏）各号による。

24）この調査は，東京特別区に立地するビルの所有者 3,273 人（法人および個人）を対象とした質問紙調査である。

25）当該地区における都市計画法上の用途指定を確認したところ，おおむね商業地域（第 7 種高度地区）であるため，住宅への用途転用は可能である。

26）事業所の形態（7 区分）のうち，1991 年については，「事務所」と「営業所」の値を，2001 年については，「事務所・営業所」の値をそれぞれ指す。

27）株式会社横浜みなとみらい二十一に対する聞き取り調査による。

28）各社不動産登記情報などによる。

29）ただし，資本金規模不明の企業が 1 社ある。

30）ただし，本社所在地不明の企業が 8 社ある。

31）各社企業沿革および企業概要による。

32）連鎖移動については，さらに，転入企業の転出元所在地を確認した。しかし対象企業が中・小規模企業であるため，参照できる資料に乏しく，捕捉が困難であった。転入企業 90 社のうち，転出元を確認できた 28 社の内訳は，中区が 20 社，西区と神奈川区がそれぞれ 4 社であり，その大部分は横浜駅周辺地区と関内地区に集中している。

33）たとえば，Arai et al.（2004）や矢部（2005）など。

34）神奈川新聞（1999 年 7 月 27 日付）によると，シルクセンター（横浜市中区山下町）では，老朽化した 6 ～ 10 階の旧ホテル層を SOHO に改装して，ベンチャー企業の誘致に努めている。

# VI章

# 業務核都市の成長と通勤行動の変化

## 1　はじめに

　1980年代以降，東京大都市圏では，郊外がオフィス従業の場として，その重要性を強めている。国勢調査によれば，東京大都市圏内（東京都・神奈川県・千葉県・埼玉県）で勤務するオフィス従業者数は，1975年の時点で458万人おり，そのうち特別区以外の郊外で勤務している従業者の割合は41.3％（約189万人）に過ぎなかった。ところが，郊外で勤務する従業者の割合は，年々拡大を続け，1995年になると，大都市圏全体（約714万人）の50.7％（約362万人）が郊外勤務者で占められ，郊外勤務者の割合が初めて特別区内で勤務する割合を上回った。とりわけ都心30km圏に位置する旧大宮市，千葉市美浜区，横浜市西区などの，いわゆる業務核都市では従業者の増加が顕著である。

　このような郊外におけるオフィス従業を含めた雇用機会の増加は，当然のことながら，高度経済成長期以降の典型とされてきた「都心勤務・郊外居住」という大都市圏の職住関係に修正を迫り，かつ，勤務地と居住地を結ぶ通勤パターンに影響を与えることになる。

　通勤流動パターンの変化に関する研究を整理すると，まず，国勢調査やアメリカ連邦交通省がおこなった交通量調査などを用いてマクロな通勤流動を分析した研究では，たとえば，Stanback（1991）が合衆国主要大都市圏の通勤収支に着目した論考を挙げることができる。1970年代以降に進展した雇用機会の郊外化が，都心－郊外間という従来の通勤流動パターンではなく，新たに郊外間の通勤を発

104 Ⅵ章 業務核都市の成長と通勤行動の変化

生させ，1980年代には，この郊外間通勤が通勤流動の主流となった。中でも都市規模が大きいほど郊外間通勤が盛んであり，大都市圏における雇用機会の郊外化を示唆している。

日本では松澤（1986）が国勢調査を利用して1955～80年までの京阪神大都市圏における通勤流動変化を考察している。この論考によると，大阪都心部への通勤比率が縮小する一方で，郊外における自地域内通勤比率が拡大しており，雇用機会が郊外で創出されている実態を明らかにした。この視点に関しては後に，石川（1990；1991；1996）がおこなった一連の研究で精緻化され，京阪神大都市圏における通勤流動変化の構造が説明されている。

東京大都市圏を事例とした研究としては，矢野（1994；1996）が1980年代後半の都市内部人口移動と人口移動に伴う通勤流動変化に着目し，平成2年国勢調査の非収録データを用いて通勤流動のトレンドを明らかにしている。これらの研究は都市内部人口移動を大局的に把握しており，都市内部人口移動の発生プロセスを探る要因分析の基礎となった。また，広瀬（1996；1998；2000）の通勤交通需要に関する包括的な研究によると，都心－郊外間の交通需要は経年的には縮小しつつあり，通勤流動の都心集中は弱化しているという。ただし，交通需要の総量は，依然として都心と郊外を結ぶ求心的流動がその多くを占め，通勤交通の分散は進んでいないという見解もある（中村，2001）。

これら実際の通勤流動パターンと職住の最適配置モデルを比較することによって，現実の通勤流動と理論上の通勤流動との乖離を検討する論考もみられる。たとえば，職住の最適な組み合わせモデルを東京大都市圏の通勤流動パターンに適用させて実証的な検討をおこなった鈴木（1992）によれば，従業地を郊外に分散配置させることにより，現行の通勤時間を一部削減できるとしている。ただし，従業地を郊外に分散させた場合には，過剰通勤[1]を増幅させる危険性も指摘されており，たとえば，Martin（2001）が合衆国主要大都市圏のセンサスデータから通勤流動を計量的に分析した論考によると，雇用機会が郊外化した場合，低所得者層はインナーシティから郊外へ逆通勤（reverse commuting）する必要があるため，錯綜した通勤流動（cross commuting）が助長されるとしている。この点に

関して，Gottlieb and Lentnek（2001）がクリーブランド大都市圏における通勤距離を人種，所得水準，性別，職種から分析したところ，黒人女性のブルーカラーに従事する低所得者層が最も通勤距離が長いという。したがって，雇用機会を郊外化させても通勤流動の総量からすると，通勤時間の短縮効果はきわめて小さいとする見解も示されている（Dubin, 1991）。

以上のように，マクロな視点からみた通勤流動パターンの分析は，比較的盛んにおこなわれている。その一方で，ミクロな視点に立脚して，オフィスが郊外に配置された際に発生する従業者個人の通勤行動変化に関する研究は比較的少なく，日本での事例研究は，多摩地域の森ほか（1990），筑波研究学園都市の中川ほか（1992），幕張新都心の小川・石川（1992），田中・浅野（1997）があるにすぎない。従業者個人の通勤行動を把握することは，マクロな通勤流動の生成要因を議論する上で重要な視点のひとつであると考えられるが，データの収集がきわめて困難であるために，これらの研究が進んでいないのが現状である。

分析に耐え得るデータを収集することすら困難な状況の中で，田中・浅野（1997）が興味深い調査を実施している。彼らは幕張新都心に進出した代表的な企業に勤務する従業者を取り上げて，オフィスが新都心へ移転したことによる従業者の住居移動と通勤行動変化を考察している。質問紙調査から得られたデータ分析によると，オフィスの移転によって実施された住居移動は，従業者を新都心の近隣に誘引しており，その結果，通勤時間は移転前後を比較すると相対的に短縮したという。さらに，この郊外への住居移動が従業者に対して住宅取得の契機になっている実態も若干ながら確認され，住宅取得の要因が郊外の安価な住宅市場にあると予見している[2]。

しかし，田中・浅野（1997）は，幕張新都心に立地するある1棟のビルで勤務している従業者のみを対象としているため，収集された標本数が小さく，かつ，得られた知見が他の地域事例との比較を通じて十分に検討されていない。そのため，幕張新都心の事例研究が，どの程度の一般性を示しているのか，明らかではない。

そこで本章では，単なる一例報告にとどまらず，近年，東京大都市圏郊外で大

規模なオフィス開発事業が展開されている事例として，旧大宮市中心部（以下，大宮と略す），幕張新都心（以下，幕張と略す），横浜みなとみらい21地区（以下，MM21と略す）に着目し，これら3地区の比較優位性を分析する[3]。なお，分析を試みる際に論点となるのは，既存研究において推測の域を脱し得なかった次の3つである。

第1は，従業者が都心ではなく郊外で勤務するならば，職住が近接する可能性が高まるのではないか，という点である。常住人口の郊外化が進展した現在では，都心勤務者の多くが郊外に居住しており，結果的に長時間（距離）通勤を余儀なくされている。しかし，彼らが都心ではなく郊外で勤務するならば，「郊外勤務・郊外居住」という新たな職住関係を構築することが可能であろう（藤井，2010）。

第2は，「郊外勤務・郊外居住」という職住近接を実現させるために，従業者が積極的に住居移動をおこなうのではないかという点である。都市内部人口移動は，従業者のライフステージが発達することによって，より広い居住スペースを求めることから起こる現象として説明されている（中澤・川口，2001）。しかし，住居移動は，単に居住地の住替えだけではなく，転勤移動によっても発生する[4]。

第3は，このようにして発生する住居移動が住宅取得の契機となるのではないかという点である。住宅取得の制約条件は，勤務地と居住地の距離である。たとえば，都心勤務の場合，都心40km以遠に住宅を取得すると，通勤時間は通常，片道90分以上を要して通勤が難しいが，郊外勤務ならば，十分に通勤可能となる。したがって，郊外勤務に伴う住居移動を契機に，住宅価格が比較的安価な郊外に住宅を取得する可能性が高まると考えられる（田中・浅野，1997）。

## 2　研究方法と分析対象者の概要

前節で設定した視点を検証するためには，従業者が前任地から現任地へ転勤となった際，彼らがいかにして現在の通勤行動に適応したのかを明らかにする必要がある。この通勤行動の適応過程を考察するには，前任地から現任地に至るまでの通勤行動の変化をトレースしなければならない。言うまでもなく，通勤とは，

従業地と居住地の2点を結んだ経路によって規定されるため，通勤行動変化を分析するためには，従業地と居住地の変化を時系列で追う必要がある。しかし，従業地と居住地の時系列変化を同一データから集計した資料が存在しないため，統計資料からの分析は困難である（矢野，1996）。そこで本章では，データ上の問題を克服するために，質問紙調査を実施した（図表Ⅵ-1）。

　これらの調査では，従業者が現任地へ転勤する直前・直後および現在の時間区分ごとに，居住地，従業地，住居形態，家族構成，通勤時間などの回答を求めている。ただし，これらの調査は，調査実務上，個票の配布時期や配布方法，標本数などの基本設定が，それぞれ異なっているため，厳密に言えば，各地区の集計結果を単純に比較できない。しかし，前述した通り，参照できる既存調査がほとんど存在しないために，あえてこれらの集計結果を本章の分析に用いる[5]。

　続いて，分析対象者の概要であるが，ある従業者が現任地に転勤した直前→直後→現在の時間経過内であり得る従業地と居住地の変化パターンは，①従業地・居住地ともに変更なし，②従業地変更なし・居住地変更あり，③従業地変更あり・居住地変更なし，④従業地・居住地ともに変更あり，の4つである。これらの変化パターンのうち，類型①は転勤の経験がない学卒者の新規採用または現地採用が通例であるアルバイト・パートなどの非正規雇用であり，類型②は転勤の経験を問わず，単に居住地の住替えをおこなったケースであると考えられるため，分析から除外し，本章が扱う通勤行動変化を経験するパターンは，類型③と類型④となる。ただし，類型④のうちで東京大都市圏以外の地域から流入した従業者は，

図表Ⅵ-1　質問紙調査の概要

|  | 大宮 | 幕張 | MM21 |
|---|---|---|---|
| 時期 | 1998年7月 | 2000年9月 | 2001年8月 |
| 配布方法 | 大宮ソニックシティ入居企業に調査依頼 | 海浜幕張駅および幕張本郷駅街頭にて配布 | 桜木町駅街頭にて配布 |
| 配布総数 | 1,960 人 | 7,850 人 | 5,090 人 |
| 有効回答数 | 628 人 | 1,597 人 | 901 人 |
| 有効回答率 | 32 ％ | 20.3 ％ | 17.7 ％ |

108　Ⅵ章　業務核都市の成長と通勤行動の変化

分析から除外する。その結果，最終的な分析対象者は，大宮：142人，幕張：548人，MM21：343人となる[6]。

　これら分析対象者の特徴を整理すると，まず，男女比は3地区ともにほぼ2：1の割合で男性が多く，平均年齢は大宮が38.1歳，幕張が39.9歳，MM21が42.7歳であり，MM21の平均年齢がやや高い。雇用形態と役職については，約8割が正規雇用（正社員）の非管理職から構成され，非正規雇用（パート・アルバイトなど）と中間管理職（部長・課長級），管理職（役員級・経営者）はむしろ少ない。さらに彼らが所属している企業を集計すると，MM21では，日揮に所属する割合がやや高いものの，この点を除けば，分析対象者は，おおむね前節で示した代表的な進出企業から抽出されている（図表Ⅵ-2）。また，職種構成は，大宮で営業部門従業者が，幕張で情報処理部門従業者が，MM21で研究開発・技術部門従業者がそれぞれ高い割合を示し，職種構成についても進出企業の特徴と合致する（図表Ⅵ-3）。

　したがって，質問紙調査から抽出された分析対象者は，各研究対象地区に進出

図表Ⅵ-2　分析対象者の所属企業

| 大宮（N=607） | | | 幕張（N=1527） | | | MM21（N=868） | | |
|---|---|---|---|---|---|---|---|---|
| 日本石油 | 69人 | 11.4% | NTTコムウェア | 137人 | 9.0% | 日揮 | 155人 | 17.9% |
| 日本信販 | 57 | 9.4 | 日本IBM | 121 | 7.9 | 三菱重工業 | 73 | 8.4 |
| 出光興産 | 42 | 6.9 | ジャスコ | 97 | 6.4 | 横浜銀行 | 44 | 5.1 |
| 岡三証券 | 22 | 3.6 | SII | 80 | 5.2 | GEエジソン生命保険 | 31 | 3.6 |
| 日本交通公社 | 22 | 3.6 | NTT東日本 | 79 | 5.2 | 富士通 | 25 | 2.9 |
| 荏原製作所 | 19 | 3.1 | 富士通 | 71 | 4.6 | NTT東日本 | 23 | 2.6 |
| 岡村製作所 | 18 | 3.0 | 東京海上火災保険 | 69 | 4.5 | 都市基盤整備公団 | 22 | 2.5 |
| 日本生命保険 | 16 | 2.6 | キャノン販売 | 58 | 3.8 | 日立ソフト | 18 | 2.1 |
| 東京商工リサーチ | 15 | 2.5 | シャープ | 52 | 3.4 | ベルシステム24 | 15 | 1.7 |
| アプラス | 14 | 2.3 | 住商リース | 40 | 2.6 | 東京海上火災保険 | 13 | 1.5 |

注：SIIとはセイコーインスツルメンツを指す。日立ソフトの正式名称は日立ソフトシステムエンジニアリングである。
　　ただし，表中は上位10社のみを示している。
資料：質問紙調査により著者作成

図表Ⅵ-3　分析対象者の職種構成

|  | 大宮 | 幕張 | MM21 |
|---|---|---|---|
| 情報処理 | 8.1% | 36.3% | 18.2% |
| 営業 | 53.4 | 14.2 | 21.0 |
| 総務・人事 | 18.8 | 24.4 | 19.9 |
| 経理 | 16.3 | 9.0 | 5.6 |
| 研究・開発・技術 | 6.8 | 10.3 | 24.9 |
| 経営全般 | 3.5 | 0.4 | 4.1 |
| その他 | 23.7 | 10.3 | 11.4 |

注:複数回答(大宮:N=607, 幕張:N=1527, MM21:N=868)
資料:質問紙調査により著者作成

している企業の特徴を反映した母集団であるといえ，本章の分析対象として適当な母集団であると認定できよう。

# 3　転居実施の意思決定

前節で類型化したように，現任地へ転勤する直前→直後→現在と時間が経過する中で通勤行動変化を経験する従業者は，類型③のように前住地にとどまるか，それとも類型④のように転居を実施するのかの選択に迫られる。転居を実施するか否かの意思決定は，当然，前住地からみた現任地までの通勤距離によって判断される。つまり，現任地が，前住地からみて通勤困難なほど遠距離にあれば，転居する必要があるだろうし，逆に現任地が通勤可能圏内にあれば，強いて転居する必要はない。

そこで本節ではまず，転居実施の意思決定が，前住地からみた現任地までの距離によって規定されるのか検証する。

現任地へ転勤した際に転居を実施した従業者の割合（転居率）は，類型③と類型④（ただし，東京大都市圏外より流入した従業者を除く）の合計から類型④を除した値である。これによると，転居率は，大宮で76.8%（109 ／ 142 人），幕張で71.2%（390 ／ 548 人），MM21 で63.3%（217 ／ 343 人）となる[7]。

これらの転居率を中澤（2002）がおこなった研究開発技術者の事例と比較すると，研究開発技術者の転居率は41.6%であるから，本章で得られた数値はかなり

110    VI章　業務核都市の成長と通勤行動の変化

高いといえる。このように，転居率が高いということは，それだけ多くの従業者
が，距離的にみて前住地からでは現任地に通勤できないことを意味する。換言す
れば，前住地－現任地間の距離は，前住地－前任地間の距離（転勤直前まで実際
に通勤していた通勤距離）よりも長距離である考えられる。この点を確認するた
めに，前住地と前任地の地理的分布を確認した上で，前住地－現任地間と前住地
－前任地間の距離を比較する。

　図表VI-4のように，前住地の分布を「現任地と同一の市内」，「現任地と同
一の市を除く県内」，「東京都内」，「そのほかの県内」に大別して集計すると，
大宮と幕張は，MM21と比較して「現任地と同一の市内」居住者の割合がかな
り低く，むしろ「そのほかの県内」居住者の割合が高い。とりわけ，大宮と幕
張の「そのほかの県内」居住者は，神奈川県内に多く分布しており，その割合
は大宮で14.1％，幕張で20.9％にのぼる。一方，MM21は約1／3の従業者が
すでに「現任地と同一の市内」に居住していたことになる。つまり，前住地は
東京大都市圏における県別の人口規模に強く影響を受けた分布となっていると
いえる。

　つぎに前任地の分布を前住地のそれと同様の順に集計すると，大宮と幕張では
「東京都内」で勤務していた従業者が多いのに対して，MM21では「現任地と同
一の市内」に勤務していた従業者が多い（図表VI-5）。

　したがって，前住地と前任地の分布から勘案すると，大宮と幕張では，前住地
と前任地がともに「現任地と同一の市内」以外に分布する割合が高いため，前住

図表VI-4　分析対象者の前住地分布

|  | 大宮 | 幕張 | MM21 |
|---|---|---|---|
| 現任地と同一の市内 | 10.6% | 7.9% | 31.0% |
| 現任地と同一の市内を除く県内 | 34.5 | 22.8 | 31.9 |
| 東京都内 | 31.0 | 36.7 | 25.1 |
| その他の県内 | 23.9 | 32.7 | 12.0 |
| 総計 | 142人 | 545人 | 342人 |

注：ただし，不明（幕張：3人，MM21：1人）を除く。
資料：質問紙調査により著者作成

地－現任地間の距離は長距離になるのに対して，MM21 では，前住地と前任地がともに「現任地と同一の市内」に分布する割合が高いため，短距離になると推測される。

この推測に注目して，前住地－前任地間と前住地－現任地間の距離を比較した（図表Ⅵ-6）。前住地－前任地間の平均距離は大宮で 19.5 km，幕張で 20.6 km，MM21 で 18.7 km となっており，3 地区に大きな差は認められないが，前住地－現任地間の平均距離は，同じ順で 24.8 km，36.7 km，22.6 km となっており，とりわけ幕張では，通勤距離の延長が顕著である。つまり，幕張で勤務する従業者の多くが，この大幅な距離延長によって，転居を実施せざるを得ない状況にあっ

図表Ⅵ-5　分析対象者の前任地分布

|  | 大宮 | 幕張 | MM21 |
| --- | --- | --- | --- |
| 現任地と同一の市内 | 7.1% | 5.5% | 41.1% |
| 現任地と同一の市内を除く県内 | 10.6 | 8.8 | 8.5 |
| 東京都内 | 70.9 | 76.7 | 47.2 |
| その他の県内 | 11.3 | 9.0 | 3.2 |
| 総計 | 141人 | 546人 | 343人 |

注：ただし，不明(大宮：1人，幕張：2人)を除く。
資料：質問紙調査により著者作成

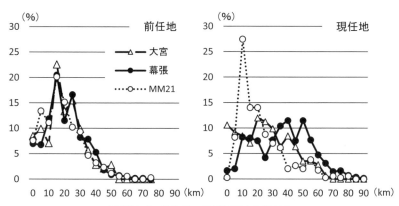

図表Ⅵ-6　前住地－勤務地間の距離分布
資料：質問紙調査により著者作成

112　Ⅵ章　業務核都市の成長と通勤行動の変化

たと考えられる。一方，大宮とMM21は距離延長が軽微であったため，この転勤が直ちに転居を要する転勤であったとは必ずしもいえない。むしろ，転勤を契機として住居の住替えを実施したと考える方が現実的であろう。

　確かに，転居を実施した従業者（以下，転居者と略す）と転居を実施しなかった従業者（以下，非転居者と略す）の前住地－現任地間の平均距離を比較すると，同じ順に，大宮で13.6km，28.2km，幕張で30.4km，39.3km，MM21で18.2km，24.1kmとなっており，転居者の方が非転居者よりも平均距離が長く，通勤距離延長が転居実施の主要因ととらえることができる。

　しかし，ここで注目すべきは，前住地－現任地間の距離が，前住地－前任地間の距離よりも長距離であるにもかかわらず，転居を実施しない（あるいはできない）従業者が存在するし，逆に前住地－現任地間の距離が，前住地－前任地間の距離よりも短距離であるにもかかわらず，転居を実施する従業者が存在する点である。前掲図表Ⅵ-6に示されているように，幕張では非転居者の平均距離が30kmを超えるにもかかわらず，転居を実施しない（あるいはできない）者がいるし，逆に大宮とMM21では平均距離が20kmにも満たないのにもかかわらず転居を実施する者もいる。

　では，彼らはなぜ転居をし，または転居をしないのであろうか。この疑問を検討するために，転勤直前の住宅所有形態と転居実施有無の関係を考察する。

　図表Ⅵ-7によると，3地区ともに転居者は，「賃貸」または「社宅・寮」に居住している割合が有意に高く，逆に非転居者は「自身の持家」に居住している割合が有意に高い。同様に，家族形態（「単独」「DINKs」「核家族」の3つに分類）と転居実施有無の関係も，非転居者は「核家族」の割合が有意に高く，転居者は「単独」または「DINKs」の割合が有意に高いという結果が得られた。また，非転居者と転居者の平均年齢をみると，大宮では非転居者が44.3歳，転居者が38.7歳，幕張では同様に45.0歳，37.4歳，MM21では，46.5歳，39.7歳となっており，後者の方が年齢的に若い。

　つまり，借家に入居し，かつ，比較的若い世代の従業者は，現任地への転勤によって転居という選択肢を比較的容易に選択できるが，住宅を取得済みの中高年

3 転居実施の意思決定 113

図表Ⅵ-7 転勤直前の住居所有形態

| | 大宮 | | 幕張 | | MM21 | |
|---|---|---|---|---|---|---|
| | 非転居者 | 転居者 | 非転居者 | 転居者 | 非転居者 | 転居者 |
| 賃貸 | 18.2% | 41.3% | 19.7% | 33.9% | 11.9% | 24.1% |
| 社宅・寮 | 21.2 | 22.9 | 8.9 | 31.3 | 11.9 | 36.6 |
| 持家 | 39.4 | 16.5 | 57.3 | 9.6 | 63.5 | 17.1 |
| 親元 | 21.2 | 19.3 | 14.0 | 25.3 | 12.7 | 22.2 |
| 総計 | 33人 | 109人 | 157人 | 387人 | 126人 | 216人 |

注:「幕張」および「MM21」は1%水準で有意あり,「大宮」は5%水準で有意である。
　　ただし,「その他」および「不明」を除く。
資料:質問紙調査により著者作成

の従業者は,転勤によって通勤距離が延長されたとしても,容易には転居することができないといえる。

　この点に関して,住宅取得済みの中高年の従業者が転居できない理由を,幕張で勤務する従業者に対する聞き取り調査とMM21の質問紙調査[8]から考察すると,転居が実施できない従業者の多くが,現在所有している住宅をバブル経済期に購入したため,多額の含み損を抱えており,借家または売却として住宅を処分できない状況にあるという。さらに,借家へ転居するにしても,居住スペースをより広く必要とする家族向け住宅の供給量は極めて少ないという制約もある[9]。また,遠距離通勤を強いられたとしても,通勤定期代金は企業が負担するため,転居を実施しない場合も想定される。たとえば,幕張に進出しているある大手情報機器メーカーによると,通勤手当は片道2時間以内の範囲内で支給されており,新幹線通勤も認められるという。本章でも新幹線通勤をおこなっている従業者が,少数ながら存在しており,大宮では,高崎市や宇都宮市などから19人,幕張では高崎市や小山市から4人,MM21では三島市や伊東市から3人が通勤している。したがって,核家族世帯の従業者はやむを得ず長時間通勤をおこなっていると考えられる[10]。

　以上のように,転居実施の意思決定は,前住地−現任地間の通勤距離のみに依存するのではなく,むしろ転勤を命じられた時点における従業者のライフステージに依存するといえる。

114　　VI章　業務核都市の成長と通勤行動の変化

## 4　転居に伴う通勤行動の変化

　転居を決意した従業者は具体的にどのような住居移動をおこない，その結果として，彼らの通勤行動がどのように変化するのであろうか。そこで本節では，前節で分類した類型④を転居実施のタイミングから次の3つに区分して考察する。①転勤直後は転居せず前住地に残留し，転勤後に転居をする（以下，「残留・転居」型と略す），②転勤直後に転居をおこない，その後，現在に至るまで現住地にとどまる（以下，「転居・定着」型と略す），③転勤直後に転居し，その後，さらに転居をする（以下，「転居・転居」型と略す）。これらの類型に即して地域別に集計すると，大宮（N = 109 人）では「残留・転居」型が 1.8%，「転居・定着」型が 80.7%，「転居・転居」型が 17.4%，幕張（N = 390 人）では，同じ順に 18.5%，54.4%，27.2%，MM21（N = 217 人）では，23.0%，57.1%，19.8% となる。

　なお，この類型からわかるように，転居は大きく2つの時期に発生する。一方は，転勤直後に発生する転居であり，「転居・定着」型の転居と「転居・転居」型の1回目の転居がこれに相当する（以下，1次移動と称す）。他方は，転勤後に発生する転居であり，「残留・転居」型の転居と「転居・転居」型の2回目の転居がこれに相当する（以下，2次移動と称す）。以下では，これらの類型に即して転居の実態を考察する。

## 1）住居形態の変化

　図表VI -8 に示した住居形態の変化からは，3地区に共通した傾向を読み取ることができる。まず従業者の多くは，転勤直前まで親元または借家に居住している。当然のことながら，転勤直後とは，現在からおおむね 10 年ほど以前であるから，離家前の若年従業者や離家をして借家に入居する単身者の割合が高い。その後，彼らは現任地へ転勤となったが，その際に発生する1次移動では，親元から借家への移動と，借家から借家へ移動が多数を占める。借家へ入居する割合は転勤直前と直後で比較すると，大宮で 64.2%→ 67.8%，幕張で 65.1%→ 70.3%，MM21 で 60.4%→ 60.9% となり，とりわけ幕張ではその割合が大きく拡大する。

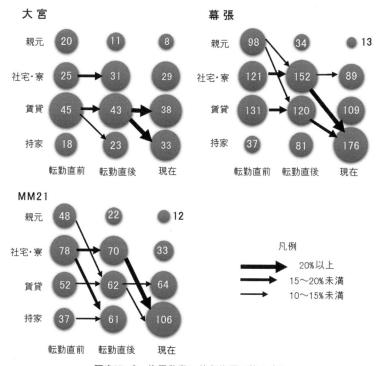

図表Ⅵ-8　住居移動に伴う住居形態の変化
注:円内の数値は該当者数の実数値を示し,矢印の値は,各時点で発生する総移動数に対する割合（移動率）を示す。なお,移動率が10%に満たない移動流は省略した。
資料：質問紙調査により著者作成

　この時期に借家への入居が盛んとなる理由は，本章3節で指摘した通り，従業者が前住地−現任地間の通勤距離に負担を感じ，一時的ではあるが当面の通勤の便を考慮して，現任地近隣に提供された社宅または借上げ住宅に転居した帰結と考えられる[11]。

　続いて，2次移動を経た現在の住居形態をみてみよう。2次移動では1次移動で顕著であった借家への移動ではなく，持家への移動が盛んになる。住宅取得率を転勤直前と現在で比較すると，大宮で16.5%→30.3%，幕張で9.6%→45.5%，MM21で17.1%→48.8%となり，この時期に住宅取得が活発におこ

116　Ⅵ章　業務核都市の成長と通勤行動の変化

なわれている。つまり，このような動きは郊外への転勤が彼らに対して住宅取得の契機となっていることを示唆している。なお，住宅取得の状況に関しては，本章5節で詳述する。

## 2）転居の発着地

　図表Ⅵ-9は住居移動の発着地を「現任地と同一の市内」，「現任地と同一の市を除く県内」，「東京都内」，「そのほかの県内」に地域区分して時系列で集計したものである。

　転勤直前の住居分布については，すでに本章3節で非転居者を含めた住居分布については言及したので詳述を避けるが，大宮および幕張では，MM21と

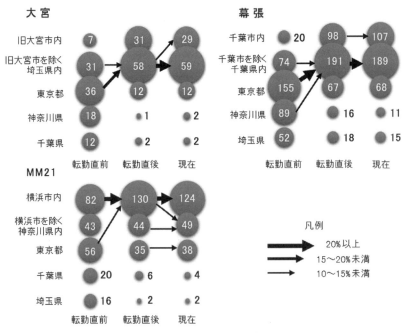

図表Ⅵ-9　住居移動の発着地
注：円内の数値は該当者数の実数値を示し，矢印の値は，各時点で発生する総移動数に対する割合（移動率）を示す。なお，移動率が10%に満たない移動流は省略した。
資料：質問紙調査により著者作成

比較して「東京都内」と「そのほかの県内」に居住している割合が高く，その割合は，大宮で 63.4％，幕張で 75.8％にのぼる。これに対して MM21 は「現任地と同一の市内」と「現任地と同一の市を除く県内」に居住している割合が 57.6％を占める。

　つぎに，転勤直後の 1 次移動をみると，大宮と幕張の 1 次移動では，「東京都内」と「そのほかの県内」から「現任地と同一の市を除く県内」に流入する移動が顕著であり，MM21 では「現任地と同一の市内」間の移動が顕著である。このように，現任地へ接近してくる移動が多くなるのは，前節で指摘したように，1 次移動では，多くの従業者が現任地の近隣に提供された社宅・寮または借上げ住宅に入居するためと考えられる。「現任地と同一の市内」と「現任地と同一の市を除く県内」に居住する割合を，転勤直前と直後で比較すると，大宮で 36.5％→ 85.6％，幕張で 24.1％→ 74.1％，MM21 で 57.6％→ 80.2％と急激に拡大する。

　続く転勤後の 2 次移動では，「現任地と同一の市内」と「現任地と同一の市を除く県内」間の移動が顕著となる。この移動は前節で確認したように，主として持家への移動であるため，彼らは持家を現任地が所在する県内に取得していることになる。

　以上のように，従業者が現任地に転勤した直前→直後→現在の時間経過内で経験する居住経歴をまとめると，まず，彼らは郊外への転勤直前まで現任地と異なる都県の親元または借家に居住し，その後に発生する 1 次移動では，社宅・寮または借上げ住宅に転居する。転勤直後から現在までの期間に，現任地が所在する県内の住宅市場を中心に住宅取得地を選定して，2 次移動では，現任地が所在する県内に住宅を取得すると解釈できる。ただし，MM21 については，住居形態変化こそ大宮と幕張とほぼ同様の変化をするものの，居住地の空間的な変化については，大宮と幕張ほど広がりはなく，現任地と同一の市内で収束する。

　Davis, et al.（1994）や Levin（1998）によれば，雇用機会が郊外化した場合，都市内部人口の外向移動が促進され，都心から 60 〜 70 マイルの非大都市圏に位置する超郊外（exurb）の常住人口が急増するという。この本章で得られた一連の住居移動の例では，確かに，前住地分布と現住地分布を比較すると，それらの

118    VI章　業務核都市の成長と通勤行動の変化

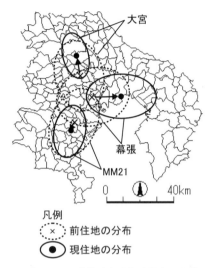

図表VI-10　前住地と現住地分布の比較
注：分布は就業者が居住する市区町村役所・役場の所在地に代表させ
　　ている。なお，楕円はこれらの分布の標準偏差楕円を表す。
資料：質問紙調査により著者作成

重心は，大宮で10km，幕張で15km，MM21で5km程度，外向移動しているが（図表VI-10），Davis, et al.（1994）やLevin（1998）が指摘する超郊外への劇的な住居移動は認められない。

### 3）通勤時間の変化

　以上のような住居移動をおこなった結果，通勤時間はどのように変化するのであろうか。そもそも，郊外にオフィスを配置させようとする政府の政策的な目標は，職場と既存の郊外住宅地との近接を図り，従業者の通勤時間をより短縮させることにある（国土交通省編，2002）。そこで本項では，従業者の職住近接効果を平均通勤時間の変化から検討する[12]。

　図表VI-11は，各時点の平均通勤時間を先に分類した転居実施のタイミング別に集計したものである。まず，非転居者からみていくと，転勤直前の通勤時間は3地区ともにおおむね60分程度であり大きな差はないが，転勤後は差異がみら

図表Ⅵ-11　平均通勤時間の変化

| 類型 | | 転勤直前<br>(A) | 転勤直後<br>(B) | 現在<br>(C) | 時間差<br>(B-A) | 時間差<br>(C-B) | 時間差<br>(C-A) |
|---|---|---|---|---|---|---|---|
| 大宮 | 非転居者 | 66.7 | — | 52.4 | — | — | -14.2 |
| | 残留・転居 | — | — | — | — | — | — |
| | 転居・定着 | 55.5 | — | 42.3 | — | — | -13.2 |
| | 転居・転居 | 47.6 | 40.8 | 44.5 | -6.8 | 3.7 | -3.2 |
| 幕張 | 非転居者 | 63.3 | — | 81.7 | — | — | 18.4 |
| | 残留・転居 | 61.0 | 80.7 | 58.6 | 19.7 | -22.1 | -2.4 |
| | 転居・定着 | 60.4 | — | 52.6 | — | — | -7.8 |
| | 転居・転居 | 66.6 | 46.1 | 60.5 | -20.4 | 14.3 | -6.1 |
| MM21 | 非転居者 | 60.1 | — | 64.2 | — | — | 4.1 |
| | 残留・転居 | 57.3 | 65.6 | 56.0 | 8.3 | -9.6 | -1.3 |
| | 転居・定着 | 59.0 | — | 54.7 | — | — | -4.4 |
| | 転居・転居 | 59.3 | 57.6 | 63.5 | -1.7 | 5.9 | 4.2 |

単位：分
注：ただし，大宮における「残留・転居」型は，わずか2名であるため，分析から除外する。
資料：質問紙調査により著者作成

れる。転勤直前すなわち前任地へ通勤していた際と，現在すなわち現任地へ通勤していた際の通勤時間を比較すると（時間差C-A），大宮では14.2分短縮しており，現任地が現住地に接近してきたことを示している。MM21に関しても通勤時間差は，わずか4.1分の延長であり，その変化は軽微である。前掲Ⅵ-6で示した通り，前住地－前任地間と前住地－現任地間の距離差がわずかであったこれらの地区では，平均的には，転居を実施せずとも前任地と現任地の通勤時間には大きな変化は生じないのである。

　一方，前住地－前任地間と前住地－現任地間の距離差が大きい幕張では，転居を実施しないと厳しい長時間通勤を強いられることになる。転勤直前の通勤時間は大宮とMM21と大差ないが，転勤後の通勤時間は81.7分となり，18.4分の大幅な時間延長となる。運輸省『平成7年大都市交通センサス（首都圏報告書）』によると，都心部（中央区・千代田区・港区）に通勤する従業者の平均通勤時間が70分であるから，転居を実施しない幕張の従業者は，都心通勤者よりも長時間通勤をおこなっていることになる。

120    VI章　業務核都市の成長と通勤行動の変化

「残留・転居」型では，幕張とMM21で共通性を見出せる[13]。転勤直前の通勤時間はおおむね60分であるが，転勤直後に非転居者と同様に前住地に残留するため，幕張では19.7分，MM21では8.3分の時間延長となる。とりわけ幕張では転勤直後の通勤時間が80.7分となり，非転居者と同じく厳しい通勤時間を強いられる。ただし，この時間延長はあくまでも一時的なものであり，幕張では平均で3.7年間，MM21では同様に2.9年間，前住地からの通勤を経験した後に，転居を実施する。この転居によって通勤時間は，転勤直後と現在を比較して（時間差C-B），幕張では22.1分，MM21では9.6分の時間短縮となり，結果的に，転勤直前とほぼ同じ水準に落ち着く。

また，彼らが実施した転居は2次移動に相当するが，住居形態変化で確認した通り，2次移動は借家から持家への転居が盛んな移動である。つまり，彼らは前住地と同水準の通勤時間で住宅を取得したことを意味する。

中澤・川口（2001）によれば，大都市圏内における住宅取得とは，同心円的な地価水準を反映して，長時間通勤という代償を払うことによって実現される。これは勤務地が都心に存在するためであるが，勤務地が郊外にある彼らには，住宅取得＝長時間通勤のロジックは当てはまらない。

「転居・定着」型では，3地区に共通した変化がみられる。転勤直前の通勤時間はおおむね60分前後で安定しており，転勤直後に実施される転居でも，通勤時間は，大宮で13.2分，幕張で7.8分，MM21で4.4分と3地区とも同様に時間が短縮される。この転勤直後に実施される転居は，1次移動に相当するが，この移動では，企業側が従業者に対する便宜を図るために現任地の近隣に提供された「社宅・寮」または「賃貸」への移動が顕著であった。転居を実施した類型の中で，時間差C-Aを比較すると，「転居・定着」型の通勤時間が最も短縮しており，この類型の職住近接効果は高いといえる。したがって，企業が現任地の近隣に給与住宅を配置することは，郊外で勤務する従業者の職住近接化を図る上で，一定の有効性が認められよう。

最後に「転居・転居」型をみていこう。この類型でも3地区共通した傾向を読み取ることができる。まず，転勤直前の通勤時間は，前述してきたタイプと比較

して，ばらつきがあるものの，1次移動では，「転居・定着」型で言及したように，現任地の近隣に提供された給与住宅などへ移動するために，転勤直前と直後を比較すると（時間差 B - A），大宮では 6.8 分，幕張では 20.4 分，MM21 では 1.7 分短縮される。ただし，その後に実施される 2 次移動では，同じ順に，3.7 分，14.3 分，5.9 分の時間延長となる。この 2 次移動は，「残留・転居」型で述べたように，住宅取得が活発な転居であったが，彼らは 1 次移動で獲得した職住近接効果を引き換えとして，住宅取得を実施している。しかし，転勤直前と現在を比較すると（時間差 C - A），大宮では 3.2 分，幕張では 6.1 分の時間短縮，MM21 では 4.2 分の時間延長となり，転勤直前と現在の通勤時間には大きな差がない。つまり，2 次移動で取得した住宅は，「残留・転居」型と同様に前住地と同水準の通勤時間で取得したことを意味する。

　以上のように，郊外にオフィスが配置されることは，従業者に対して，職住近接をもたらす場合もあるし，その逆もあり得る。持家が処分できないことや，子どもの就学問題などにより，やむを得ず転居できない従業者は，通勤距離が延長し，職住は分離する。転居を実施した従業者に関しても，転勤直前と現在の通勤時間を比較すると，わずか± 10 分程度の変化であるため，劇的な職住近接が達成されたとは言い難い。

## 5　転勤異動と住宅取得の関係

　前節では従業者の居住経歴の考察を通じて，郊外への転勤に伴う転居が，住宅取得の契機となる可能性を示唆した。本章 1 節でも述べたように，住宅取得の制約条件は，勤務地と居住地の距離であるが，郊外勤務であれば，都心からみた住宅取得地までの距離（以下，都心距離と称す）が遠距離であったとしても，十分に通勤が可能となる。この点を確認するために，本節では，住宅取得地の分布を都心距離帯別に集計した上で，住宅取得の状況を住宅取得者の所得水準と住宅市場の関係から検討する。

## 1）住宅取得地の分布

　図表Ⅵ-12に示した住宅取得地の分布をみると，大宮では埼玉県内，幕張では千葉県内，MM21では神奈川県内というように，住宅取得地がおおむね現任地と同一の県内にバランスよく分布していることがわかる。住宅取得地を都心距離帯別に集計すると，取得先として最も高い割合を示しているのが，都心30 km圏であり，3地区合計の取得率は29.3％（92／314人）にのぼる。この距離帯は，現任地と同一の距離帯であるため，現任地から至近な距離に住宅を取得していることになる。ただし，持家と借家の分布を都心距離帯別に比較すると，現任地よりも外部（都心40 km以遠）に居住する住宅取得者の割合は，3地区合計で28.6％（90／314人）であるのに対して，借家居住者はわずか7.1％（26／364人）にとどまるため，持家の方が借家の分布よりも空間的な広がりを持っている。

　さらに，家族構成別（単独・DINKs，核家族）の住宅取得分布を都心距離帯別

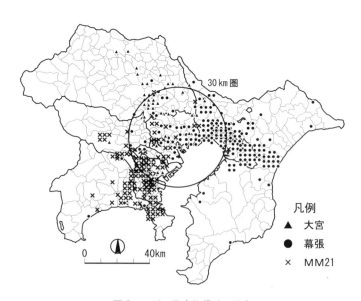

図表Ⅵ-12　住宅取得地の分布
注：オフィスの移転後に取得したもののみを表示している。
資料：質問紙調査により著者作成

に集計すると，単独およびDINKs世帯の中央値は25 kmであるのに対して，核家族世帯のそれは30 kmであることから，家族人員が多い世帯ほどより外部に持家を志向する（図表Ⅵ-13）。

家族人員が住宅取得地の選定に影響を与えるという点は，山田（1992）や谷（1995；1997），伊藤（2001）も指摘しており，本章で得られた結果は，これらの既存研究と符合する。

つまり，住宅取得者は現任地と同一県内に住宅を取得する傾向が強く，とりわけ家族人員が多い核家族世帯は，より広い居住スペースを必要とするため，同心円的な地価を反映して，現任地よりも外部に住宅を取得することになる。また，たとえ彼らが現任地よりも外部に相当する都心40 km以遠に住宅を取得しても，彼らは郊外に勤務しているため，通勤時間はおおむね60分程度で済む。したがって，核家族世帯は都心40 km以遠に供給された住宅を比較的容易に選択できると考えられる。

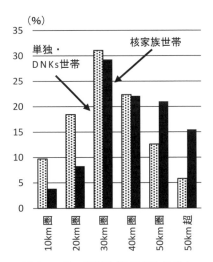

図表Ⅵ-13　家族構成別住宅取得分布
注：数値は3地区の合計値を示す。
資料：質問紙調査により著者作成

## 2）住宅取得時期と住宅価格

　住宅取得者の取得年齢をみると，34歳までに住宅を取得する割合は，大宮で30.0％，幕張で45.7％，MM21で28.2％となっている。平成10年度住宅・土地統計の住宅取得率では，埼玉県の平均取得率が同じ年齢で33.7％，千葉県のそれは29.3％，MM21では同じく22.9％であるから，幕張の住宅取得者が県内平均よりも若年で取得していることになる。

　それではなぜ，幕張では若年にして住宅を取得できるのか。図表Ⅵ-14は，住宅取得時期を集計したグラフであるが，この図によると，幕張とMM21ではそれぞれの地区で中核となるビルが竣工した1995年以降に，住宅取得が活発におこなわれている。

　この時期の東京大都市圏における住宅価格は，バブル経済崩壊によって大幅に下落し，1990年から2000年までの10年間では際立って安値の水準にあった。図表Ⅵ-15の戸建住宅における価格の年収倍率推移によると，最も年収倍率が上がった1991年には，都心20km圏で17.3倍，30km圏で12.7倍，40km圏で8.7倍，50km圏で7.0倍のように，全体的に高倍率となったが，2000年には，同じ

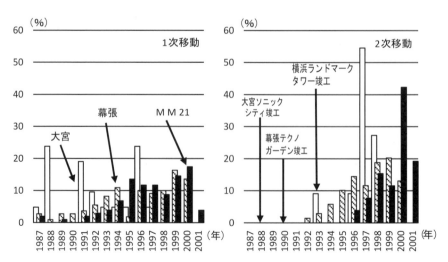

図表Ⅵ-14　住宅取得者の購入年
資料：質問紙調査により著者作成

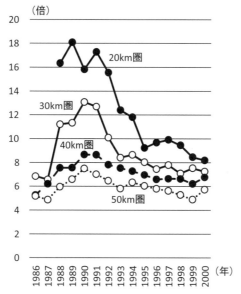

図表Ⅵ-15 戸建住宅における価格の年収倍率推移
注：数値は標準的な物件（床面積104㎡）の価格を示す。全国の平均的勤労者年収は総務庁『貯蓄動向調査報告』より算出した。
資料：都市開発協会などにより著者作成

順に 8.2 倍，7.3 倍，6.8 倍，5.7 倍まで下落した。確かに各距離帯の格差こそ縮小したものの，都心に至近な距離帯では依然として高い倍率を保っており，より広い居住スペースを必要とする核家族世帯が，都心に至近な距離帯で相応の住宅を取得することはきわめて困難であろう。一方，都市開発協会『民間企業による宅地・建物供給実績調査報告』各年版によると，40km 圏の方角別平均住宅価格（1997 年度実績）は，西南部方面（主に神奈川県）が 4,058 万円，西部方面（主に東京都市部）が 4,350 万円，北部方面（主に埼玉県）が 3,503 万円，東部方面（主に千葉県）が 3,128 万円であり，とりわけ東部方面の価格が相対的に割安であることがわかる[14]。したがって，幕張では核家族世帯が都心 40km 以遠に住宅を取得する傾向が強まったと考えられる。

平成 10 年住宅・土地統計調査によると，1993 〜 98 年までに供給された新築

126　VI章　業務核都市の成長と通勤行動の変化

戸建住宅戸数は，東京大都市圏全体で129.8万戸であり，そのうち，都心40km以遠に供給された住宅戸数は34.3万戸となっており，距離帯別では，都心40km以遠の供給量が最も多い。とりわけ，千葉県内の都心40km以遠に位置する旧大網白里町や千葉市緑区では，近年，大手資本による住宅開発が盛んにおこなわれている[15]。これらの新興郊外住宅地では核家族世帯を購買対象とした戸建住宅（平均敷地面積約180 $m^2$ の4LDKタイプ）が供給されており，最多価格帯が2,800万円台に設定されているため[16]，以下で確認するように，幕張勤務者にとっては若年でも十分取得が可能となる。

　幕張従業者の多くは，本章2節で整理したように，情報関連部門に所属しているという特徴があった。幕張に進出した大手電機機器メーカーに対する聞き取り調査によると，情報関連部門は，営業部門のように全国的に多数配置されるのではなく，一企業内に1～2ヶ所に集約されているという。つまり，情報関連部門従業者は営業職と比較すると転居を伴う転勤の発生回数自体が少ないと考えられる。情報関連部門従業者と完全に同一視できないものの，中澤（2002）によると，研究開発技術者の転勤移動による転居回数は，事務系従業者よりも少ないと指摘している。これらの研究事例を考慮すると，幕張勤務者は，営業職のように頻繁な転勤を恐れて住宅取得に踏み切れないという状況にはなく，比較的容易に住宅取得できる条件にあるといえる[17]。

　さらに幕張勤務者の所得水準を考えてみると，彼らはいずれも従業者が1,000人を超える大手企業に勤務している。平成12年度賃金構造基本統計調査によると，従業者1,000人以上の大卒男性社員の平均年収は，35～39歳で797.8万円である。これは，同じ年齢層の全労働者平均年収（552.4万円）よりも，かなりの高所得といえる。

　以上のように，幕張勤務者が若年にして住宅を取得できる要因をまとめると，①幕張勤務のため，より外部に住宅を取得しても通勤時間の負担が少なく，②都心40km以遠は住宅価格が安価であり，近年，核家族世帯向けの戸建住宅が盛んに供給されている。③幕張勤務者の多くは，営業職と比較すると転居を伴う転勤の発生回数が少ない情報関連部門従業者であり，かつ，④大手企業に勤務してい

るため，所得水準が同世代の従業者よりも高いことが挙げられよう。

# 6　小　括

　本章の目的はオフィスが郊外に配置された場合，従業者の居住地選択がどのように変化するのか，次の3点から検討することであった。

　第1は，従業者が都心ではなく郊外で勤務するならば，彼らの多くが「郊外勤務・郊外居住」という職住が近接した職住関係を構築するという点である。第2は，その実現に向けて，彼らは積極的に住居移動をおこなうという点である。第3は，こうして発生する住居移動が彼らにとって住宅取得の契機となるという点である。

　第1と第2の視点については，本章3節で試みた住居移動の分析で指摘したように，従業者の多くが転居を実施し，その結果，「郊外勤務・郊外居住」の職住関係を構築しているといえる。しかし，職住近接に関しては，本章4節における平均通勤時間の検討からわかるように，職住近接が成立する場合と成立しない場合の両者が存在した。

　ただし，第3の視点については，本章5節で検討した住宅取得の分析で示したように，郊外への転勤の際に実施される転居が，従業者に対して住宅取得の契機を与えているといえる。とりわけ，より広い居住スペースを物理的に必要とする核家族世帯は，現任地より外部の都心40km以遠に住宅を取得する傾向があり，彼らが都市内部人口の外向移動の原動力となっている。

　以上の分析で得られた典型的な従業者像の一例をまとめると，つぎのような従業者像が想定されよう。

　資本金100億円を超える大手企業に勤めるシステムエンジニアのAさんは現在35歳で夫婦と子ども1人の3人暮らしである。1990年までは，都心の本社に勤務をしていた。本社勤務時は，世田谷区内の独身寮から通勤し，通勤時間はおおむね60分であった。1993年にAさんが勤めている会社が幕張への進出するこ

128    VI章    業務核都市の成長と通勤行動の変化

とになり，Aさんは幕張へ転勤する。世田谷区内の独身寮から幕張へ通勤すると通勤時間が90分以上かかるので，Aさんは幕張近隣の社宅へ転居することにした。これにより通勤時間は都心勤務時のほぼ半分の30分となった。1995年にAさんは結婚し，その後，子どもが誕生したために，幕張の社宅が手狭となる。この時期の住宅価格はバブル経済崩壊の影響によって急激に下落する傾向にあったため，Aさんは住宅の取得を決意する。居住スペースと価格を考慮し，都心勤務時と同じ60分程度で通勤できる範囲内で戸建分譲住宅を探索した結果，Aさんは旧大網白里町に住宅を取得することになった。

　こうした典型的な従業者が選択した一連の行動は，オフィスの郊外立地に伴う都市内部人口の外向移動を示す一例といえるが，この外向移動に対して，常住人口の都心回帰が90年代後半からみられるようになったといわれている（国土交通省編，2001）。都心回帰の実態に関しては，有木（1999）と園部（2001）が，都心居住者に対する質問紙調査をおこない都心回帰のメカニズムを検討している。彼らの調査によると，都心居住者の多くが弁護士や医者，起業家などのいわゆる高所得者層で構成され，その多くが郊外から都心に回帰したのではなく，都内から移り住んできた居住者であるという[18]。つまり，高価格の住宅を取得できる高所得者や広い居住スペースを特に必要としない単身者やDINKsといった世帯については，都心居住という選択肢も考えられるが，中流階層の核家族世帯にとっては，都心居住とは現段階では無縁であり，居住の場は依然として郊外に依存せざるを得ない。

　したがって，核家族世帯にとって郊外にオフィスが配置されるということは，少なくとも家族人員が増加する一時期に，より広い居住スペースが確保可能な郊外住宅地へ転居できるという点で大きな意味があるといえよう。

注

1) 鈴木（1992）によると，過剰通勤（excess commuting）とは，通勤時間または距離が最小化した時と現状の職住分布パターンとの乖離を指す。就業機会の郊外化が進んで

6 小 括 129

いる合衆国は，日本と比較して過剰通勤が大きいという。

2）通勤時間が短縮された実態は小川・石川（1992）も同様の指摘をしている。

3）山下（1993）がおこなった東京大都市圏におけるオフィス立地動向の分析によると，1975〜85年の間に，大宮，千葉，横浜では支所オフィスの立地が特に進んでおり，これらの地区では従業地としての役割が拡大しているという。

4）転勤移動とは，大都市圏間あるいは大都市圏−地方圏間という比較的長距離の住居移動を家族全員でおこなう挙家移動を想起しがちであるが，荒井（2002）によると，転勤移動の25.3%は，比較的近距離である大都市圏内の移動であるという。

5）本調査は設問項目や回答方法がほぼ統一されているため，それぞれの地区を同一設問項目ごとに集計することが可能である。

6）3地区における変化パターンは，次の通りである。大宮（N = 628人）：① 63.7% ② 3.3% ③ 5.9% ④ 27.1%，幕張（N = 1597人）：① 46.1% ② 4.4% ③ 10.0% ④ 39.6%，MM21（N = 901人）：① 48.1% ② 3.7% ③ 14.0% ④ 34.3%。

7）最も標本数が多い類型①は，主に女性従業者で構成される（大宮：174人，幕張：327人，MM21：154人）。住居分布を「勤務地と同一の県」，「東京都」，「そのほかの県」に大別して集計してみると，「勤務地と同一の県」の割合が，大宮で89.7%，幕張で81.0%，MM21で83.1%となり，大部分が県内から通勤していることがわかる。さらに，平均通勤時間は，大宮で45.8分，幕張で55.5分，MM21で57.5分であることから，彼らはおおむね60分程度で通勤している。この通勤時間は，運輸省『平成7年大都市交通センサス（首都圏報告書）』による東京都内に通勤する女性従業者の平均通勤時間（71分）と比較して短い。

8）本章では現任地へ転勤する直前→直後→現在の時間経過内に，1回でも転居を実施した者を転居者とする。したがって，転勤以降に改めて転居をおこなった従業者もこれに含む。

9）平成10年住宅・土地統計調査報告によると，全国水準でみた持家の一住宅あたりの居住室数は6.0室（延べ床面積：約120 m²）であるのに対して，借家のそれは2.8室（同：43.8 m²）と，借家の多くが単独またはDINKs世帯向けである。

10）そのほかの理由には，核家族世帯が家族全員で転居（挙家移動）すると，転校や進学など子どもの就学に関わる問題が発生するため，転居に踏み切れないことが挙げられる。また，核家族世帯の従業者の中にも，転居を実施したものも少なくないが，その際に同一都市圏内であっても単身赴任を実施した従業者が一定数存在する。単身赴任全体に対する同一圏内単身赴任の割合は，大宮で57.1%（8／14人），幕張で

130　VI章　業務核都市の成長と通勤行動の変化

46.6%（27／58人），MM21で50.0%（9／18人）となっており，標本数が小さい
ものの，荒井（2002）が示した値（31.0%）を上回る。なお，聞き取り調査は2000
年6月に大手情報関連企業の人事課長と大手情報機器メーカーのシステム本部長に対
しておこなった。また，MM21の質問紙調査は，「現在の住まいと通勤に対する問題点」
に対する自由記述の結果である。

11）この点に関して，聞き取り調査によると，幕張に進出したある大手企業では，企業
　側が幕張に進出する際に生じる従業者側の負担に配慮して，幕張勤務を命ぜられた従
　業者に社宅や借上げ住宅を提供している。とりわけ単身者（単身赴任者も含む）や
　DINKsの従業者はこうした福利厚生制度を積極的に活用しているという。

12）職住近接効果は通勤時間あるいは通勤距離のいずれかによって検証することができ
　る。本章が前者を採用した理由は，郊外の場合，勤務地と同一の市内に居住していた
　としても，都心と比較して交通利便性が低いことにより，物理的な通勤距離以上に通
　勤時間が長時間におよぶ可能性が想定されるためである。

13）ただし，大宮におけるこのタイプに該当する従業者はわずか2名であるので分析か
　ら除外する。

14）東京大都市圏における「西高東低」の地価動向は，山田（1999）に詳しい。

15）たとえば，東急不動産が大網白里町に供給した「季美（きび）の森」（供給戸数：
　約2,650戸）や新日鐵都市開発が千葉市緑区に供給した「きららのくに大網みどりが
　丘」（同：約2,100戸）などがある。

16）リクルート社2001『週刊住宅情報3月28日版』による。

17）小池（1991）によると，技術系と事務系の従業者を比較した場合，前者の方が事業
　所を超えて配置転換される機会が相対的に少ないという。

18）この調査は東京都中央区内の大川端リバーシティ21に供給された高層分譲マン
　ション居住者を対象としている。分析対象（183人）となる世帯主の職業と世帯収入
　構成は，会社役員や社長などの経営管理職層が38.8%，医者，弁護士といった専門技
　術職層が28.4%であり，世帯年収2,000万円以上が35.5%にのぼるという。

# 終　章

## 1　本書で得られた知見

　本書の目的は，東京大都市圏郊外におけるオフィスの立地プロセスを業務核都市の事例から解明しようとするものであった。

　多極法と首都圏整備計画が施行された 1988 年以降，東京大都市圏郊外では大規模なオフィス開発事業が着手され，居住機能のみならず，業務機能（オフィス）の新たな拠点づくりが進められた。とりわけ，さいたま新都心，幕張新都心，横浜みなとみらい 21 地区などの業務核都市では，新たに竣工したビルに多数の企業が入居した。業務核都市が順調に育成・整備されれば，東京大都市圏は都心を唯一の核とする単核構造から，複数の核が郊外に形成される多核心構造へ大きく変化することになる。この多核心構造への変化は，従業者の通勤パターンに大きな影響を与え，たとえば，これまで卓越してきた都心−郊外間の通勤に加え，新たに郊外間もしくは常住地と同一市町村内の通勤率が上昇すると推測される（石川, 2008）。常住地と従業地が郊外で近接するということは，「衣」「食」「住」「遊」を含む全般的な日常生活が郊外のみで充足される自立した郊外の創出につながるだろう。すでに北米などの広大な国土面積を持つ国々では，モータリゼーションの進展とともに郊外核が発達し，都市の最も外側（edge）に位置しながら，最も先端的（edge）な生活を営む郊外核を edge city と呼び，その存在が知られている。東京大都市圏郊外における業務核都市の育成・整備が，これら諸外国にみられる郊外自立化の動きと軌を一にするのか，地域事例に即した具体的な検討は十分に

132 終章

なされていない。

そこで本書は業務核都市の代表例である旧大宮市中心部，幕張新都心，横浜みなとみらい21地区を事例に，当地で展開されたオフィス開発事業の経緯や進出企業の特徴，進出理由などを中心に分析した。

分析にあたっては，大きく3つの課題を設定した。

第1は，1980～2000年の20年間において東京大都市圏では，オフィスの郊外立地がどの程度進展したのか，その状況を客観的に把握すること。第2は，郊外立地がどのようにして進展したのか，その要因を明らかにすること。第3は，オフィスが郊外に立地した場合，従業者のライフスタイル，とりわけ住居選択と通勤行動はどのように変化するのか，オフィスの郊外立地に伴う従業者への影響を分析することである。

以上の課題に基づき，本書は序章と終章を含む8章から構成される。

まず序章では本書の目的を示し，Ⅰ章ではオフィスの郊外立地に関する国内外の既存研究を整理して，本書の位置づけをおこなった。

1990年代初頭までの既存研究では，近未来の理想的な都市像を謳った「情報化社会論」に立脚した論考が数多い。情報が時空間の障壁を超えて流動することで，人々が時間と場所にとらわれることなく接触できれば，都心にオフィスを集中させる優位性は著しく低下するという主張である。

しかし，情報通信技術が発達し，オフィス立地の自由度が高まったとしても，それはせいぜい対面接触の頻度の低いバックオフィスであり，非定型的な情報の交換・蓄積が不可欠な中枢管理機能は依然，都心に集中し続けているのが実態であった。高い通勤代替効果が期待されるテレワークについても，現段階では完全に在宅勤務へ移行できる水準には達しておらず，オフィスに出勤せずとも業務を遂行できるという，全く新しいワークスタイルの確立には至っていない。

ただし，日本では東日本大震災が発生した後，都心に集中したオフィスを郊外や地方へ再配置させる動きが俄かに高まっている。とりわけ，東京をはじめとする中心都市が被災した場合に備えて，データセンターなどのバックアップ機能の整備が急がれる。整備に向けた一つの方向性として，リーマンショック以降，入

居率の下落に歯止めがかからないビルをホットサイトやコールドサイトに転換していくことは，新たにインテリジェントビルを建設するよりも簡便であり，現実味を帯びている。

Ⅱ章では，日本におけるオフィス立地の動向を統計資料より確認し，全国的な傾向を把握した。オフィスを郊外に再配置させる国の政策が本格的に始まった1980年以降，都心30〜40km圏に位置する東京大都市圏郊外では，オフィス需給量が明らかに増加した。オフィス床面積の需給バランスを示す入居率も，バブル経済崩壊直後に大きく下落したものの，1990年代後半以降は回復し，郊外におけるオフィス市場が堅調に推移している。中でも，旧大宮市，横浜市などの業務核都市に指定された自治体では，オフィス立地が顕著であり，オフィス需給量の拡大を牽引した。

東京大都市圏を同心円構造のみでとらえるのではなく，同時に扇形（セクター）構造としてとらえるならば，同一距離帯に位置する業務核都市であっても，開発の経緯や開発主体，進出企業の特徴，進出要因など，それぞれ異なった性質を持つことが想定される。この点を明らかにするためにⅢ章からⅥ章では，代表的な業務核都市を対象として，現地調査に基づく実証研究を試みた。

Ⅲ章では，旧大宮市中心部を事例として営業部門の機能強化に伴う郊外立地プロセスを検討した。旧大宮市中心部に建設された大規模ビル「大宮ソニックシティ」は，開業当初から高い入居率を維持していた。高い入居率を維持した背景には，常住人口が急速に増加した旧大宮市内に，大手企業が地域支店の機能強化を図るため，多数の営業部門を入居させたことが挙げられる。テナント企業が当ビルを選択した理由は大きく2点ある。

第1は旧大宮市が持つ地理的な理由であり，当市には北関東地域を統括する高い営業拠点性が存在するとともに，東京都心へもアクセスしやすいという優れた交通利便性を併せ持つ。対面接触を要する業務では，東京本社への移動はもちろん，大宮駅から新幹線を利用することで，上信越方面や南東北方面への日帰り出張が可能となる。

第2はビルの質的な理由であり，とりわけ当ビルには「高いステータス性」が

134 終 章

あることをテナント企業が評価している。高賃貸料のビルに入居することは，入居時に発生する保証金などの初期費用もさることながら，賃貸料などの固定費用が増大し，企業経営の負担となる。翻れば，企業は高賃貸料を負担できるだけの経営体力を間接的に示すことになることから，高賃貸料のビルに敢えて入居することが，企業価値や信頼性の向上につながる。

　高賃貸料を負担し，かつ，定着率の高い「優良な」テナント企業を獲得するために，当ビルの区分所有者（埼玉県，旧大宮市，日本生命）は戦略的な誘致活動を実施した。区分所有者は竣工前に綿密な市場調査をおこない，東京都内に立地する企業を誘致するのではなく，すでに旧大宮市内に立地する営業部門（支店・営業所）に絞り込み誘致活動を進めた。その結果，高賃貸料を負担できる定着率の高い大手東京資本の営業部門を数多く獲得することに成功した。

　つまり，旧大宮市の事例からみたオフィスの郊外立地は，オフィスが東京都心から郊外へ移転するのではなく，むしろ，常住人口の増加に伴う支店経済の強化が見込まれる旧大宮市に，営業部門を配置する必要性が高まった結果，市内のオフィスを統合して規模を拡大したり，あるいは機能の強化を図ることによると解釈できる。

　Ⅳ章では，幕張新都心を事例として情報部門の進出に伴うオフィスの郊外立地プロセスを検討した。

　幕張新都心では，バブル経済崩壊以降にビルの入居率が低迷したが，情報部門の進出によって急速に回復した。入居率回復の原動力となった情報部門を業務内容や資本金規模などで大別すると，①ウェブコンテンツの制作，アプリケーションのデザイン制作，インターネットの接続サービスなどを主業とする起業して間もないインターネット関連企業，②大手企業が出資して設立された関連子会社であり，主に親会社から受注するソフトウェアの開発やシステム構築などを主業とするバックオフィス，③自社ビルを建設して当地に進出し，パッケージソフトウェアや大規模システムを開発する研究開発部門の3種類に分けることができる。

　それぞれの情報部門における進出理由を考察すると，インターネット関連企業

とバックオフィスでは，セキュリティの行き届いたインテリジェントビルを都心よりも安価で借りられ，かつ，100名単位で従業者を収容できる広いスペースを確保しやすいことが重視されている。一方，大手企業の研究開発部門では，都内に点在していた顧客との対面接触の機会が比較的少ない同部門を幕張新都心内の自社ビルに集約させて，組織全体の効率を高めることが重視されている。

つまり，顧客との対面接触の必要性が比較的低い情報部門が，都内各所から幕張新都心へ集約移転してきており，前述した旧大宮市中心部の事例とは郊外立地のプロセスが大きく異なる。都心から郊外へ移転した点や最近30年間にオフィス立地が全く見られなかった地域にオフィス開発事業が進んだ点などは，北米における郊外核の形成過程と類似している。

V章では，MM21地区を事例としてオフィスの郊外立地プロセスを検討した。検討にあたっては，横浜市都心部再開発事業に伴うオフィス移転を，従来，住居移動で議論されてきたフィルタリングプロセスに適用させて分析し，新たに供給されるビルが，既存市街地内のビルに対して，不動産経営上，どのような影響を与えるのかを考察した。

横浜市既存市街地は横浜駅周辺地区と関内地区に二分されていたが，老朽化した三菱重工業横浜造船所の移転が決定すると，その跡地に新たなオフィス開発事業（MM21地区）が進められ，既存市街地の一体化を図った。旧大宮市中心部，幕張新都心と同様，MM21地区にも業務核都市基本構想の理念である「東京都心から移転した企業を受け入れる受け皿」としての役割が期待されていた。しかし，実際には東京都心からMM21地区へ移転した企業は少なく，むしろ神奈川県内もしくは横浜市内の企業が多数進出した。

一方，既存市街地内のビルでは，MM21地区の開業によって大手企業が転出し，「優良な」テナント企業をMM21地区に奪われる事態に陥った。テナント企業がMM21地区へ転出した後のビルの用途を考察したところ，従前の用途であるオフィスから他の用途への転用が確認された。ただし，既存研究で指摘されている住宅への転用（コンバージョン）は確認されず，今後，常住人口の都心回帰がより鮮明になるならば，住宅への転用が考えられよう。転用が確認されず，引き続

きオフィスとして利用されたビルには，神奈川県下に立地する中小企業が入居し，県内の中小企業が横浜市内へ進出する際の足掛かりとなっている。

　したがって，MM21 地区の開業が，既存市街地内のビルから「優良な」テナント企業を誘引し，転出後には県内の中小企業が転入するというテナント企業の連鎖移動を引き起こしている。この連鎖移動では，既存市街地内のビルに入居するテナント企業の選別格下げが確認された。

　VI章では，オフィスが郊外に配置されたことによる従業者の通勤行動と住宅取得行動を，つぎの 3 点から考察した。第 1 は，従業者が都心ではなく郊外で勤務するならば，彼らの多くが「郊外勤務・郊外居住」という職住が近接した職住関係を構築するのではないか。第 2 は，その実現に向けて，彼らは積極的に住居移動をおこなうのではないか。第 3 は，このようにして発生する住居移動が彼らにとって住宅取得の契機となるのではないかという点である。

　第 1 と第 2 の視点については，従業者の多くが転勤を命ぜられた際に転居を実施しており，この転居が「郊外勤務・郊外居住」の職住関係を強めている。確かに勤務地が郊外に移動すると，郊外における常住者と従業者の数はともに増加するが，職住近接に関しては一概に高い効果が得られるとはいえない。平均通勤時間を都心通勤時と郊外通勤時で比較したところ，前者の方が後者よりも通勤時間が短くなるケースが散見された。その多くは住宅を取得済みであり，第一子の就学などにより挙家移動が困難な世帯であった。したがって，たとえオフィスを郊外へ物理的に移動させたとしても，転勤を命じられる従業者のファミリーステージによっては，職住近接が成立しないのである。

　ただし，第 3 の視点については，資産形成途上の比較的若年の世帯が，郊外への転勤を契機に住宅を取得している。とりわけ，幕張勤務者はその傾向が強く，彼らの多くは，営業職に比べて転居を伴う転勤の少ない情報関連部門従業者であり，かつ，大手企業に勤務していることから，所得水準が同世代の従業者よりも高い。また，彼らは幕張勤務であるため，外部郊外に住宅を取得しても，通勤の負担（通勤時間やラッシュの有無など）は都心通勤時よりも軽減される。加えて，外部郊外には核家族世帯向けの戸建住宅が盛んに供給されており，その価格は東

京大都市圏の中でも比較的安価であることも，若年世帯が住宅を取得できる要因になっている。

## 2　まとめ

これまでの分析で指摘した通り，少なくとも 1980 年代以降，東京大都市圏郊外にはオフィス立地が進み，元来，都心で勤務する機会の多かったオフィスワークを，郊外でも遂行できるようになったことは確かであろう。本書の事例研究で取り上げた，旧大宮市中心部，幕張新都心，横浜みなとみらい 21 地区の各オフィス開発事業は，本研究の出発点となった edge city など，諸外国の郊外核に比肩する規模を誇っている。

ただし，大都市圏の物理的な構造が単核心構造から多核心構造に近づきつつも，オフィスが郊外化し，「職」・「住」・「遊」の基本的な日常生活を郊外のみで充足できるといった郊外自立化，あるいは郊外化に伴う都心衰退といったドラスティックな変化には至っていない。東京大都市圏郊外に立地しているオフィスの多くは，都心に集中している本社や本部ではなく，営業部門や情報部門といった支所・支店オフィス，あるいはバックオフィスであった。すなわち，都心には依然として企業や組織の最高意思決定機関が集中しており，郊外がそれらの機能を誘引しているとは言い難い。オフィスの郊外化が進展したというよりも，むしろオフィスの機能分化が進んだと解釈する方が妥当であろう。

都心では 2000 年以降に大規模ビルが相次いで竣工している。六本木ヒルズ，新丸ビル，東京ミッドタウンなどの再開発事業はいずれも都心 3 区内で実施され，オフィスビルの供給ポテンシャルが都心に回帰しつつある[1]。Ⅱ章で述べたように，都心のオフィス需要は縮小傾向にあることから，オフィスのみを収容する「箱もの」としてのビルは，もはやテナント企業の確保が難しい。そこで最近の都心再開発事業では，オフィス単独の開発ではなく，商業機能，宿泊機能，居住機能などを併設した複合開発が盛んである。たとえば，2004 年に旧国鉄本社跡地に誕生した「丸の内オアゾ」は，丸の内北口ビルディングなど 4 棟の大

規模ビルにオフィス，ホテル，ショッピングモールを有機的に組み合わせた複合開発の典型例である。このほかにも東京ミッドタウン，コレド日本橋，赤坂サカス，紀尾井町計画（旧グランドプリンスホテル赤坂の建て替え）などで複合開発が展開され，とかく休日は閑散となりがちな都心のビジネス街に多くの来街者が集い，気軽にショッピングやレジャーを楽しむ「都市観光」の主要施設になっている。このような都心の新しいオフィス開発事業が都心と郊外のオフィスビルとの間に築かれた機能分化に対して，どのような影響を与えるのか注視する必要がある。

＊　　　　　　　　＊

　大都市圏の将来像を考える際，大規模災害のリスクを捨象した空間の中でオフィスの最適配置を考えるのであれば，郊外や地方に再配置するよりも都心に集中させた方が確かに高い効用が得られる。しかし，われわれが活動している都市空間は，災害とは無縁な存在ではない。阪神淡路大震災や東日本大震災がもたらした都市災害の甚大な被害は，都心一極集中のリスクを改めてみせつけた。都心では老朽化したインフラの耐震性や免震性を高める補強工事が進められ，災害から「逃げ出す街」から「逃げ込める街」への転換を図っている[2]。その一方で，ヒト・モノ・カネ・情報の東京都心への一極集中を是正し，郊外や地方へリスクをヘッジすることもまた，安心で安全な都市の将来像を考える上で必要なのではないか。本社機能全体の移転は困難であっても，たとえば，本社分室や危機管理部門など，災害の復旧・復興を速やかに着手するための機能を，あらかじめ郊外や地方に配置せていくことは都心一極集中のリスクを軽減することにつながる。
　政府は東京一極集中を是正し，地方への活力を与える「地方創生」を推進している。新規学卒者をはじめとする若年世代が東京に流入し，定着する背景には，地方に従業の場，とりわけホワイトカラーの活動拠点たるオフィスが，東京と比較して格段に少ないことがある。より多くの若年世代が郊外や地方で従業するためには，オフィス立地を再配置するとともに，いかにして職住を郊外や地方で近

接させられるかが重要であろう。ただし，単に住居とオフィスを近接すれば，従業者の通勤時間が短縮するわけではない。Ⅴ章で検討したように，その最大の原因は，日本の特徴的な労働慣行にある。日本では，従業者がキャリアを形成する際，社命による転勤異動を繰り返す慣行がある。そのため，従業地が固定化されず，「従業地ありきの住居選択」を強いられる。いわゆる「転勤族」が日本の特徴的な労働慣行を如実に表している。

　今後，日本が勤務地を固定化する労働慣行へ変化し，郊外のオフィスから異動する機会が原則的に無くなった場合，Ⅳ章で指摘した幕張新都心の例のように，比較的若年にして住宅を取得し，当地に定着することができるだろう。最近の住居移動に関する研究によれば，住宅取得は前住地から近い範囲で実施されるという（佐藤・清水，2011；稲垣，2015；富田，2015）。人口減少と地価下落によって，1970～90年代にかけてみられた人口の郊外化は終息し，地元に滞留する傾向を強めている。前住地で培った交友関係や親子間の紐帯，慣れ親しんだ生活環境などが，若年世代の住宅取得行動に大きく影響しているわけである。中でも，郊外で生まれ育った郊外第二世代（団塊ジュニア世代）は，郊外こそが「ふるさと」であり，長年住み慣れた郊外に団塊世代以上の地縁的な愛着と関係性を持ち合わせている。

　このような「地元志向」の新しい価値観を有する若年世代にとって，郊外や地方にオフィスを再配置することは，彼らが築いてきた関係性を維持しながら，ホワイトカラーの職を得ることにつながる。つまり「地元志向」の若年世代が共有する価値観とオフィス立地の再配置は相利共生の関係にあり，いまこそ，都心に集中したオフィスを郊外や地方に再配置する意義は大きいと思われる。

## 注

1) オフィスの都心回帰と複合開発については佐藤（2014）に詳しい。
2) 日本政策投資銀行では，いち早くビルの格付けを行い，省エネなどの環境性能（グリーンビル化）やより高い免震・耐震性を実現したビルを4段階で評価する試みを始めている。2001年の不動産証券化によって収益不動産であるビルには，収益率や投資価値などが厳しく問われるようになり，付加価値が高く，将来にわたって高い入

居率を確保できるビルには，潤沢な資金が流れ込むことようになった。獲得した資金をもとに新たな設備投資が可能となる。

# あとがき

　本書は，2003 年に東京大学大学院総合文化研究科に提出した博士論文を基に，その後，執筆した既発表の学術論文を部分的に加筆・修正し，若干の新稿を加えて構成したものである。本書の各章と旧稿との関係は下記の通りである。

序章：新稿

Ⅰ章：情報通信技術の発達によるオフィスの郊外立地－その意義と課題－．地理科学 69-3，pp25-37，2014 年.

Ⅱ章 1，Ⅲ章：東京都市圏におけるオフィス立地の郊外化メカニズム－大宮ソニックシティを事例にして－．人文地理 53-4，pp353-368，2001 年.

Ⅱ章 2：転換期を迎えた業務核都市構想－オフィス就業の郊外分散のゆくえ－．都市住宅学 68，pp51-56，2010 年.

Ⅱ章 3：新稿

Ⅳ章：情報部門の機能強化に伴うオフィス立地の郊外化－幕張新都心の事例から－．人文地理 55-4，pp367-382，2003 年（荒井良雄との共著）.

Ⅴ章：横浜みなとみらい 21 地区の開発とオフィス移転の関係－フィルタリングプロセスの検討を中心に－．地理学評論 80-14，pp907-925，2007 年.

Ⅵ章：オフィスの郊外立地に伴う就業者の住居選択－大宮，幕張，横浜を事例として－．地理学評論 76-6，pp450-471，2003 年（荒井良雄との共著）.

終章：新稿

　本書を執筆するにあたり，多くの方々から温かいご支援を頂きました。ご多忙の折，快く質問紙調査にご回答下さった従業者の皆様ならびに貴重な資料やお話を頂戴した大宮ソニックシティ株式会社，幕張新都心まちづくり協議会，一般社

142　あとがき

団法人横浜みなとみらい 21，そのほかの官公庁と民間企業の皆様には，大変お世話になりました。心から感謝申し上げます。

　学部時代では立命館大学文学部地理学教室の先生方ならびによき学友に恵まれ，京都での充実した下宿生活を過ごすことができました。拙い卒業論文をご指導下さいました須原芙士雄先生（現・立命館大学名誉教授）をはじめ，鈴木富志郎先生（同），吉越昭久先生（現・立命館大学特任教授），江口信清先生，生田真人先生，片平博文先生，矢野桂司先生，河島一仁先生，由井義道先生（現・広島大学教育学部），古賀慎二先生，河原典史先生には，自身の研究の根幹となるフィールドワークの楽しさ，奥深さ，大切さを学びました。

　大学院時代では東京大学大学院人文地理学教室の先生方ならびに院生諸兄に大変お世話になりました。本書の出発点となった edge city を実際に訪れる機会をお与え下さり，日頃から公私にわたりご指導を頂いております指導教員の荒井良雄先生をはじめ，谷内　達先生（現・東京大学名誉教授），松原　宏先生，永田淳嗣先生，田原裕子先生（現・國學院大學経済学部），江崎雄治先生（現・専修大学文学部）には，在学中，有意義なご助言を賜りました。とりわけ荒井先生には，ご多忙の折，度重なる拙稿に辛抱強く朱書きをして下さいました。先生の懇切丁寧なご指導なくしては，本書が日の目を見ることはありませんでした。ご厚情に改めて感謝申し上げます。

　就職後も多くの方々よりご支援を賜りました。東京大学空間情報科学研究センター在職中は，地理情報システムの普及・啓発活動に従事しつつ，膨大な空間データを利用できる環境をお与え下さいました。歴代のセンター長で在らせられる岡部篤行先生（現・青山学院大学総合文化政策学部），柴崎亮介先生，浅見泰司先生，小口　高先生ならびに教職員の皆様方に心より感謝申し上げます。

　帝京大学経済学部在職中は，毎日の講義と校務で充実した時間を過ごしつつ，自由闊達な環境で研究教育活動に従事させて頂きました。当時の学部長で東京大学人文地理学教室ゆかりの田邉　裕先生（現・東京大学名誉教授）をはじめ，溝尾良隆先生，滝沢由美子先生，白坂　蕃先生（現・東京学芸大学名誉教授），谷内　達先生（現・東京大学名誉教授），三上岳彦先生（現・首都大学東京名誉

あとがき　143

教授），山川充夫先生，賀村進一先生（現・帝京大学文学部）には大変お世話になりました。心より御礼申し上げます。

　現在，奉職している高崎経済大学地域政策学部では，ゼミに優秀な第一期生を迎え，高崎市における都市問題を議論しながら，「地域貢献できる都市地理学」を目指し，切磋琢磨の日々を過ごしております。このような貴重な機会をお与えくださった戸所　隆先生（現・高崎経済大学名誉教授），津川康雄先生，西野寿章先生に心より感謝申し上げます。とりわけ戸所　隆先生は，立命館大学在学中こそ，ご指導を賜る機会が無かったものの，その後，院生時代から現在に至るまで公私にわたり叱咤激励を頂戴している恩師のおひとりです。

　そのほか大勢の方々よりご支援・ご援助を賜りました。紙幅の都合ですべての皆様方のお名前を挙げることができませんが，とりわけ，明治大学文学部の川口太郎先生，早稲田大学教育学部の箸本健二先生，芝浦工業大学の中村広幸先生，シンガポール国立大学の清水千弘先生には，勉強会や研究会を通じて大変お世話になりました。記して感謝の意を表します。

　最後にかげながら惜しみないご援助を賜りました父芳英，母弘子にもこの場を借りて感謝いたします。

　本書は，平成 27 年度の高崎経済大学出版助成費の交付を受けて刊行されました。高崎経済大学理事長の高木　賢先生，学長の石川弘道先生をはじめ，教職員の皆様方に御礼を申し上げます。研究を遂行するにあたり，JSPS 科研費（若手研究（B），研究課題番号：20720221）の助成と東京大学空間情報科学研究センターの共同研究利用システム，埼玉大学谷謙二研究室の地理情報分析支援システム MANDARA を使用しました。末筆となりましたが，大変厳しい出版状況の中，刊行の労を快くお汲み取り下さいました古今書院社長の橋本寿資様ならびに編集部の長田信男様に感謝いたします。


2015 年 8 月　晩夏なお，緑映える市原の新居にて


佐藤英人

# 参考文献

芦沢成光（1993）：バブル経済崩壊後における企業の中枢管理機能．東京研究，1，47-61．

阿部和俊（1991）：『日本の都市体系研究』大明堂．

阿部和俊（2010）：『近代日本の都市体系研究－経済的中枢管理機能の地域的展開－』古今書院．

荒井良雄・箸本健二・中村広幸・佐藤英人（1998）：企業活動における情報技術利用の研究動向．人文地理，50-6，550-571．

荒井良雄（2002）：転勤移動と単身赴任．荒井良雄・川口太郎・井上　孝：『日本の人口移動－ライフコースと地域性－』古今書院，131-148．

荒井良雄（2005）：情報化社会とサイバースペースの地理学－研究動向と可能性－．人文地理，57，47-67．

有木　賢（1999）：『現代大都市の重層的構造－都市化社会における伝統と変容－』ミネルヴァ書房．

有留順子・石川義孝（2003）：東京大都市圏におけるテレワークと分散型オフィスの立地．地理学評論，76，44-55．

生駒データサービスシステム編（2000）：『不動産白書 2000』生駒データサービスシステム．

生駒データサービスシステム編（2001）：『不動産白書 2001』生駒データサービスシステム．

生駒データサービスシステム編（2002）：『不動産白書 2002』生駒データサービスシステム．

生駒データサービスシステム編（2003）：『不動産白書 2003』生駒データサービスシステム．

生駒データサービスシステム編（2004）：『不動産白書 2004』生駒データサービスシステム．

生駒データサービスシステム編（2005）：『不動産白書 2005』生駒データサービスシス

テム.

石川雄一（1990）：通勤距離の変動からみた京阪神大都市圏における構造変容．人文地理，42-4，355-370.

石川雄一（1991）：京阪神大都市圏周辺地帯における通勤流動の変化と社会・経済的地域構造．経済地理学年報，37-3，277-292.

石川雄一（1996）：京阪神大都市圏における多核化の動向と郊外核の特性．地理学評論，69A-6，387-414.

石川雄一（2000）：主要大都市圏におけるオフィス・店舗従業者の空間分布の変化－都市圏多核化の兆しの検証－．長崎県立大学論集，33-4，27-66.

石川雄一（2008）：『郊外からみた都市圏空間－郊外化・多核化のゆくえ－』海青社.

石澤卓志（1995）：都心のオフィス需要．八田達夫・八代尚宏編：『東京問題の経済学』東京大学出版会，15-57.

伊藤 滋監修（1999）：『ビット産業社会における情報化と都市の将来』慶應義塾大学出版会.

伊藤修一（2001）：千葉ニュータウン戸建住宅居住世帯の居住地選択－夫と妻の意思決定過程への関わり方を中心として－．地理学評論，74A-10，585-598.

稲垣 稜（2015）：京阪神大都市圏郊外における中心都市への通勤者数減少について－奈良県生駒市を中心に－．日野正輝・香川貴志編：『変わりゆく日本の大都市圏－ポスト成長社会における都市のかたち－』ナカニシヤ出版，113-128.

エクスナレッジ（2007）：『都市・建築・不動産企画開発マニュアル 2007 ～ 08』エクスナレッジ.

太田 充（1990）：通信技術の発達と企業のオフィス立地行動による大都市圏の土地利用空間構成に関する研究．日本都市計画学会学術論文集，25，391-396.

太田 充（1996）：企業の分離立地にともなう副都心成立の均衡土地利用分析．日本都市計画学会学術論文集，31，67-72.

大宮ソニックシティ株式会社（1998）：『SONIC CITY 10 年のあゆみ』大宮ソニックシティ株式会社.

小川剛志・大西 隆・石川 允（1988）：企業情報処理部門の都心部からの移転に関する実証的研究．都市計画学会学術研究論文集，23，265-270.

小川剛志・石川 允（1989）：東京圏における情報処理産業の立地動向とその集結要因について．都市計画学会学術研究論文集，24，67-72.

小川剛志・石川 允（1990）：東京における情報処理産業の分化形態と空間的配置構造

に関する研究. 都市計画学会学術研究論文集, 25, 427-432.

小川剛志・石川　允（1991）：東京圏における新都心の業務集積に関する実証的研究. 都市計画学会学術研究論文集, 26, 685-690.

小川剛志・石川　允（1992）：幕張新都心における業務機能の移転集結に関する実証的研究. 日本都市計画学会学術論文集, 27, 139-144.

小池和男編著（1990）：『大卒ホワイトカラーの人材開発』東洋経済新報社.

小池和男（1991）：『仕事の経済学』東洋経済新報社.

オフィスジャパン（1997）：『Office Japan 1997 －春季号－』オフィスジャパン.

オフィスビル総合研究所（1998）：『東京オフィスビル市場の分析と展望－ 1998 年第Ⅰ期－』オフィスビル総合研究所.

オフィスビル総合研究所（2001）：『東京オフィスビル市場の分析と展望－ 2001 年第Ⅰ期－』オフィスビル総合研究所.

オフィスビル総合研究所（2006）：『新・次世代ビルの条件』鹿島出版会.

河原　大（2005）：1990 年代における大阪府の上場企業オフィスの立地変化. 地理科学, 60-2, 104-118.

菊池慶之（2005）：前橋・高崎地域におけるオフィス立地の変容－交通環境の変化が与える影響－. 経済地理学年報, 51, 162-177.

菊池慶之（2010）：オフィス機能の立地に関する研究の動向と課題－分散と再集中の視点を中心に－. 地理学評論, 83, 402-417.

金田昌司（1992）：業務核都市幕張新都心に見るオフィス立地とまちづくり－ MTG と WBG の業務機能実態調査結果－. 中央大学経済研究所年報, 23-1, 85-109.

川口太郎（1990）：大都市圏の構造変化と郊外. 地域学研究, 3, 101-113.

川口太郎（1994）：東京大都市圏の地域構造変化と郊外の生活空間. 高橋伸夫・谷内　達編：『日本の三大都市圏－その変容と将来像－』, 古今書院, 73-92.

絹川真哉・湯川　抗（2001）：ネット企業集積の条件－なぜ渋谷～赤坂周辺に集積したのか. Economic Review, 2001.4, 28-47.

経済産業省経済産業政策局・富士通総研・東京都産業労働局・ビットバレーアソシエーション（2001）：『東京のネット企業実態調査』経済産業省経済産業政策局・富士通総研・東京都産業労働局・ビットバレーアソシエーション.

月刊ビルディング（2006）：『オフィス情報白書 2006 年度版－実録マーケティング概要－』月刊ビルディング.

建設省住宅局建築指導課監修（1988）：『インテリジェント・ビルの計画と実務－その全

148 参考文献

貌と計画・設計の実務』ぎょうせい.

古賀慎二（1998）：オフィス立地からみた三大都市圏の構造変容－事業所の形態からの
アプローチ－．立命館文学，553，1-18.

古賀慎二（2001）：情報化時代のオフィス立地と女性就業者の役割と変化．吉越昭久編：
『人間活動と環境変化』，古今書院，121-137.

古賀慎二・河原　大（2002）：三大都市圏におけるオフィス立地の変容－バブル経済期・
崩壊後の比較を中心に－．京都地域研究，16，1-15.

国土交通省（2002）：『都心におけるオフィスビルの維持・管理等に関する意識調査』
http://tochi.mlit.go.jp/w-new/office/index.html（最終閲覧日：2007年5月14日）.

国土交通省編（2001）：『平成13年版土地白書』財務省印刷局.

国土交通省編（2002）：『平成14年版首都圏白書』財務省印刷局.

国土庁編（1997）：『平成10年版首都圏白書』大蔵省印刷局.

国土庁大都市圏整備局（1997）：『平成8年度事務所移転推進調査－働きやすい業務核都
市づくりのための提案－』国土庁大都市圏整備局.

小林重敬編著（2005）：『コンバージョン，SOHOによる地域再生』学芸出版社.

榊原　憲（2013）：グローバル人口動態からみたオフショア・コールセンター立地に関
する検討．日本テレワーク学会誌，11，35-50.

佐藤考一（2004）：都市空間をコンバートする－東京都心オフィスの現状分析とケース
スタディ－．新建築，79-2，34-41.

佐藤考一・松村秀一・西瑠衣子（2005）：コンバージョンの実施可能性評価に関する研
究－オフィスビルから集合住宅への用途変更－．日本建築学会計画系論文集，597，
31-36.

佐藤英人（2005）：東京大都市圏におけるオフィス立地．統計，56-2，21-26.

佐藤英人（2011a）：オフィス立地研究の新たな試み－企業の移転と「ライフコース」－．
地理，56-5，61-70.

佐藤英人（2011b）：東京大都市圏におけるオフィス移転の特徴－日経不動産マーケット
情報を手掛かりに－．立命館地理学，23，57-66.

佐藤英人・清水千弘（2011）：東京大都市圏における持家取得者の住居移動に関する研究.
都市計画論文集，46-3，559-564.

佐藤英人（2014）：都心の変化．藤井　正・神谷浩夫編著『よくわかる都市地理学』ミ
ネルヴァ書房，142-144.

佐藤英人（2015）：仕事と家事の両立を目指した在宅就業の現状と課題－女性の居住地

移動に着目して－. 日本地域政策研究, 15, 4-11.

埼玉県企画財政部企画整備課 (1986):『浦和・大宮業務核都市育成整備調査報告書』埼玉県企画財政部企画整備課.

シィ産業研究所(2000):『情報処理・ソフトウェア会社録－2001年版－』シィ産業研究所.

鈴木　勉 (1992): 東京大都市圏における職住割当の最適化に関する実証的研究. 都市計画学会学術研究論文集, 27, 337-342.

鈴木　勉 (1994): 職住分布構造と通勤距離の関係についての理論的考察. 都市計画学会学術研究論文集, 29, 505-510.

園部雅久 (2001):『現代大都市社会論－分極化する都市？－』東信堂.

田頭直人 (1994): 通勤と業務交通からみた最適なオフィス分布について. 都市計画学会学術研究論文集, 29, 511-516.

田中　開・大西　隆・栗田　治 (1991): オフィスの立地コストに関する研究－社会コスト的要因の研究－. 日本都市計画学会学術論文集, 26, 121-126.

田中　智・浅野光行 (1997): 企業移転が従業員の行動に与える影響に関する基礎的研究. 日本都市計画学会学術研究論文集, 32, 469-474.

谷　謙二 (1995): 愛知県一宮市における都市内居住地移動. 地理学評論, 68A-12, 811-822.

谷　謙二 (1997): 大都市圏郊外住民の居住経歴に関する分析－高蔵寺ニュータウン戸建住宅居住者の事例－. 地理学評論, 70A-5, 263-286.

建物のコンバージョンによる都市空間有効活用技術研究会 (2002):『コンバージョンによる都市再生』日刊建設通信新聞社.

通商産業省 (2000):『情報サービス企業台帳－企業情報編－』通商産業省.

坪本裕之 (1996): 東京大都市圏におけるオフィス供給と業務地域の成長. 人文地理, 48-4, 341-363.

対馬義幸(1986):『インテリジェントビル－高度情報社会のオフィス－』日本経済新聞社.

東京市政調査会研究部 (1989):『東京圏再編と業務核都市構想Ⅱ』財団法人東京市政調査会.

戸所　隆 (2000):『地域政策学入門』古今書院.

富田和暁 (1995):『大都市圏の構造的変容』古今書院.

富田和暁 (2015):『大都市都心地区の変容とマンション立地』古今書院.

中川　正・李　増民・須山　聡・小田宏信・廣田育男 (1992): 筑波研究学園都市における民間研究所の集積. 人文地理, 44-6, 643-662.

150 参考文献

中澤高志・川口太郎（2001）：東京大都市圏における地方出身世帯の住居移動－長野県出身世帯を事例に－. 地理学評論, 74A-12, 685-708.

中澤高志（2002）：研究開発技術者のライフコース. 荒井良雄・川口太郎・井上　孝：『日本の人口移動－ライフコースと地域性－』, 古今書院, 149-168.

中澤高志（2005）：郊外居住の地理的実在. 関東都市学会年報, 7, 2-14.

中澤高志（2006）：多様化するライフコースと職住関係－晩婚化・非婚化との関係を中心に－. 地理科学, 61-3, 137-146.

中島　清（1992）：横浜市における都心臨海再開発の経過（1）－みなとみらい21中央地区を中心として－. 経済と貿易（横浜市立大学経済研究所）, 159, 39-96.

中島　清（1993）：横浜市における都心臨海再開発の経過（2）－みなとみらい21中央地区の国際交流ゾーンについて－. 経済と貿易（横浜市立大学経済研究所）, 164, 46-81.

中島　清（2003）：みなとみらい21中央地区における開発の経過とその評価（1）. 経済と貿易（横浜市立大学経済研究所）, 186, 1-30.

中島　清（2004a）：みなとみらい21中央地区における開発の経過とその評価（2）. 経済と貿易（横浜市立大学経済研究所）, 187, 75-109.

中島　清（2004b）：みなとみらい21中央地区における開発の経過とその評価（3）. 経済と貿易（横浜市立大学経済研究所）, 188, 55-112.

中島　清（2005）：みなとみらい21中央地区における開発の経過とその評価（4・完）. 経済と貿易（横浜市立大学経済研究所）, 189, 77-102.

中林一樹（1989）：高度情報化の進展と東京の変化. 北村嘉行・寺阪昭信・富田和暁編：『情報化社会の地域構造』, 大明堂, 282-296.

中村和浩（2001）：通勤流動からみた東京大都市圏の地域構造について. 亜細亜大学大学院経済学研究論集, 25, 1-18.

並木憲司・佐藤考一・松村秀一（2002）：コンバージョンの実施可能性評価のための基礎的調査に関する報告. 日本建築学会大会学術講演梗概集, E-1, 547-548.

成田孝三（1987）：『大都市衰退地区の再生』大明堂.

成田孝三（1995）：『転換期の都市と都市圏』地人書房.

日経不動産マーケット情報（2012）：『3.11以降のオフィスビルテナントニーズ－「節電」「防災」「省エネ改修」「内装」への要望－』日経BP社.

ニッセイ基礎研究所金融研究部門（2004）：東京のオフィス市場動向－先行き不透明な賃貸市場に対し, 過熱する投資市場－. ニッセイ基礎研REPORT, 2004年12月,

1-6.

西村光平・大西　隆・栗田　治・吉田　朗（1991）：東京圏におけるオフィスの集積状況と分散政策に関する研究．日本都市計画学会学術論文集，26，127-132.

日本テレワーク協会編（2009）：『テレワーク白書2009－活力ある新しい未来社会を目指して－』一般社団法人日本テレワーク協会．

埴淵知哉（2002）：企業の空間組織からみた日本の都市システム．人文地理，54-4，389-404.

濱田博之（2003）：幕張新都心におけるオフィス集積と機能変化．地理科学，58-4，253-267.

林　聖子（2000）：大都市におけるインターネット産業の集積．産業立地，39-6，11-20.

林　上（1991）：『都市の空間システムと立地』大明堂．

林　上（2007）：『現代都市地域の構造再編』原書房．

日野正輝（1996）：『都市発展と支店立地－都市の拠点性－』古今書院．

広瀬盛行（1996）：東京大都市圏の地域構造と通勤交通の変化－ポストバブルにおける変動－．運輸と経済，56，29-38.

広瀬盛行（1998）：東京大都市圏における人口・雇用ならびに通勤輸送需要の将来展望．運輸と経済，58，22-31.

広瀬盛行（2000）：最近における東京大都市圏の発展動向が通勤交通需要に及ぼす影響．運輸と経済，60，30-41.

藤井　正（1990）：大都市圏における地域構造研究の展望．人文地理，42-6，522-544.

藤井　正（1999）：アトランタ大都市圏の多核化とオフィス立地．成田孝三編：『大都市圏研究（下）』，大明堂，121-142.

藤井　正（2010）：三大都市圏における通勤と交通．富田和暁・藤井　正編：『新版図説大都市圏』，古今書院，12-15.

藤塚吉浩（1990）：京都市都心部の空間変容－更新建築物の分析を中心として－．人文地理，42-5，466-476.

藤塚吉浩（1994）：ジェントリフィケーション－海外諸国の研究動向と日本における研究の可能性－．人文地理，46-5，496-514.

保屋野　誠・中山彩子・松原　宏（2002）：東京都心周辺部におけるオフィス空間の創出．東京大学人文地理学研究，15，75-117.

幕張新都心まちづくり協議会（1994）：『幕張新都心への交通に関する調査報告』幕張新

都心まちづくり協議会.

増田寛也（2014）：『地方消滅－東京一極集中が招く人口急減－』中公新書.

益森芳成（1984）：都心部におけるオフィスビルの形成とテナントの特性－京都市を例
　　として－．人文地理，36-6，527-543.

松澤俊雄（1986）：交通流動からみた郊外の自立化傾向．田口芳明・成田孝三編：『都市
　　圏の多核化の展開』，東京大学出版会，139-176.

松原　宏（2006）：『経済地理学－立地・地域・都市の理論－』東京大学出版会.

松村　茂・大山俊男・小出　治（1990）：コストからみたサテライトオフィスの立地に
　　関する一考察．都市計画学会学術研究論文集，25，397-402.

松村秀一（2002）：オフィスのコンバージョン－「空」を「宝」にするために－．新建築，
　　77-12，156-158.

松村　徹（2005a）：再考／東京オフィス市場の「2010 年問題」－ビル需要の多様化が
　　オフィスワーカー減少の緩衝材に－．NLI Research Institute，2005 年 5 月 26 日，
　　1-18.

松村　徹（2005b）：A クラスビルの付加価値とは何か？－ビルスペック高度化の現状と
　　展望－．NLI Research Institute，2005 年 9 月 25 日，1-11.

松村　徹・竹内一雅（2005）：再々考／東京オフィス市場の「2010 年問題」－成長業種
　　が牽引する賃貸オフィス需要－．NLI Research Institute，2005 年 12 月 27 日，1-11.

三鬼商事（2005）：『OFFICE REPORT YOKOHAMA 2005』三鬼商事.

水鳥川和夫（1987）：本社の立地におけるコミュニケーション・コストの影響に関する
　　研究－米国と日本との比較－．日本都市計画学会学術研究論文集，22，469-474.

三菱地所（1993）：『丸の内百年のあゆみ－三菱地所社史下巻－』三菱地所株式会社.

みなとみらい 21（2006）：MINATOMIRAI 21 Information －特集：みなとみらい 21 の計
　　画概要と個別事業－，77，株式会社みなとみらい 21.

村山隆英・海道清信・東樋口　護（1997）：オフィス市場の地域空間構造と業務市街地形
　　成に関する考察－東京都区部におけるオフィス立地要因分析と誘導型開発制度の適
　　用分析－．日本都市計画学会学術論文集，32，541-546.

森　眞一郎・中村隆司・芦沢哲蔵（1990）：多摩丘陵地域における事業所立地と従業員
　　の居住．日本都市計画学会学術論文集，25，493-498.

森川信男（2005）：『オフィスとテレワーク－情報ネットワーク化時代のワークプレイス
　　－』学文社.

森川　洋（1990）：『都市化と都市システム』大明堂.

森川　洋（1998）:『日本の都市化と都市システム』大明堂.

矢野桂司（1994）: 都市システムの視点からみた東京大都市圏の変容. 高橋伸夫・谷内達編:『日本の三大都市圏－その変容と将来像－』, 古今書院, 22-48.

矢野桂司（1996）: 1980年代後半の東京大都市圏における都市内部人口移動. 総合都市研究, 59, 35-47.

矢部直人（2003）: 1990年代後半の東京都心における人口回帰現象－港区における住民アンケート調査の分析を中心にして－. 人文地理, 55-3, 79-94.

矢部直人（2005）: 東京大都市圏におけるソフトウェア産業の立地－ネスティッドロジットモデルによる分析－. 地理学評論, 78-8, 514-533.

山方俊彦（2000）: 東京のオフィス市場動向. ニッセイ基礎研 REPORT, 2000年12月, 11-16.

山方俊彦（2002）: 東京のオフィス市場動向－最新鋭ビルの竣工が集中する2003年を展望する－. ニッセイ基礎研 REPORT, 2002年10月, 10-15.

山崎　健（1980）: 都市内部における支店オフィスの移転パターン－広島市の場合－. 地理科学, 34, 17-23.

山崎　健（2001）:『大都市地域のオフィス立地』大明堂.

山下博樹（1993）: 東京大都市圏における周辺中核都市の成長. 地理科学, 48, 1-19.

山田浩久（1992）: 東京大都市圏周辺地域における居住地移動の特性－千葉市を事例として－. 地理学評論, 65A-11, 847-859.

山田浩久（1999）:『地価変動のダイナミズム』大明堂.

由井義通（1999）:『地理学におけるハウジング研究』大明堂.

李　政勳（2002）: 東京大都市圏における都心オフィス機能の郊外移転の要因と費用. 人文地理, 54-5, 452-470.

郵政IB研究会（1995）:『マルチメディア時代のインテリジェントビル読本』ビジネス社.

Aksoy, A. and Marshall, N.（1991）: The changing corporate head office and its spatial implications. *Regional Studies*, 26-2, 149-162.

Alexander, I.（1979）: *Office location and public policy*. Longman. アレクサンダー, I. 著・伊藤喜栄・富田和暁・池谷江里子訳（1989）:『情報化社会のオフィス立地－事務所の配置と公共政策－』時潮社.

Arai, Y., Nakamura, H., Satoh, H., Nakazawa, T., Mushia, T., and Sugizaki, K.（2004）: Multimedia and Internet Businesses Clusters in Central Tokyo. *Urban Geography*, 25-5, 483-500.

Baerwald, T. J.（1978）: The emergence of a new "Downtown". *Geographical Review*, 68, 308-318.

Beauregard, R. A.（2005）: The Textures of Property Markets - Downtown Housing and Office Conversions in New York City -. *Urban Sutdies*, 42-13, 2431-2445.

Bier, T. and Howe, S. R.（1998）: Dynamics of suburbanization in Ohio metropolitan area. *Urban Geography*, 19-8, 695-713.

Blakely, E. J. and Snyder, M. G.（1999）: *Fortress America - gated communities in the United States -*. Brookings Institution Press. ブレークリー, E.J.・スナイダー, M.J. 著・竹井隆人訳（2004）:『ゲーテッド・コミュニティー米国の要塞都市一』集文社.

Burns, E.K.（2000）: Travel, gender, and work ― emerging commuting choices in inner-city Phoenix ― . Wheeler, O.J., Aoyama, Y. and Warf, B.: *Cities in the telecommunication age*. Routledge, 267-282.

Castells, M.（1989）: *The Informational - City -Information Technology, Economic Restructuring and the Urban-Regional Process*. Blackwell Publishers.

Cervero, R.（1989）: *America's suburban centers*. Unwin Hyman.

Coe, N.M.（1998）: Exploring uneven development in producer service sectors: detailed evidence from computer industry in Britain. *Environment and Planning A*, 30, 2041-2068.

Daniels, P. W. and Bobe, J. M.（1992）: Office building in the city of London: a decade of change. *Area*, 24, 253-258.

Davis, J. S., Nelson, A.C. and Dueker, K.J.（1994）: The new 'Burbs' - The exurbs and their implications for planning policy -. *Journal of the American Planning Association*, 60-1, 45-59.

Dubin, R.（1991）: Commuting patterns and firm decentralization. *Land Economics*, 67-1, 15-29.

Ellison, N.B.（2004）: *Telework and social change*. Praeger Publishers.

Erickson, R. A. and Wasylenko, M.（1980）: Firm relocation and site selection in suburban municipalities. *Journal of urban economics*, 8, 69-85.

Erickson, R. A.（1983）: The evolution of the suburban space economy. *Urban geography*, 4-2, 95-121.

Erickson, R. A. and Gentry, M.（1985）: Suburban nucleations. *Geographical Review*, 75, 19-31.

Erickson, R.A.（1986）: Multinucleation in metropolitan economies. *Annals of the Association of American Geographers*, 76-3, 331-346

Erickson, R. A. and Wollover, D. R.（1987）: Local tax burdens and the supply of business sites in suburban municipalities. *Journal of regional science*, 27, 25-37.

Florida, R.（2009）: *Who's your city? : How the creative economy is making where to live the most important decision of your life*. Basic Books. フロリダ，R. 著・井口典夫訳（2009）:『クリエイティブ都市論－創造性は居心地のよい場所を求める－』ダイヤモンド社.

Fishman, R.(1987):*Bourgeois Utopias*. Basic Books. フィッシュマン著・小池和子訳(1990):『ブルジョワ・ユートピア－郊外住宅の盛衰－』勁草書房.

Fujii, T. and Hartshorn, T. A.（1995）: The changing metropolitan structure of Atlanta, Georgia: Locations of functions and regional structure in a multinucleated urban area. *Urban geography*, 16-8, 680-707.

Freestone, R and Murphy, P（1998）: Metropolitan restructuring and suburban employment centers - Cross-cultural perspectives on the Australian experience -. *APA journal*, summer, 286-297.

Garreau, J.（1991）: *Edge City: Life on the new frontier*. Doubleday.

Getis, A.（1983）: Second-order analysis of point patterns: the case of Chcago as a multi-center urban region. *Professional Geographer*, 35-1, 73-80.

Gillespie, A. and Richardson, R.（2000）: Teleworking and the city: myth of workplace transcendence and travel reduction. Wheeler, O.J., Aoyama, Y. and Warf, B.: *Cities in the telecommunication age*. Routledge, 228-245.

Giuliano, G.（1998）: Information technology, work patterns and intra-metropolitan location: a case study. *Urban Studies*, 35, 1077-1095.

Goddard, J. B.(1967):Changing office location patterns within central London. *Urban Studies*, 4, 276-284.

Goddard, J. B. and Morris, D.（1976）: The communications factor in office decentralization. *Progress in Planning*, 6, 1-80.

Goddard, J. B. and Pye, R.（1977）: Telecommunications and office location. *Regional Studies*, 11, 19-30.

Gottlieb, P. and Lentnek, B.（2001）: Spatial mismatch in not always a central-city problem: An analysis of commuting behavior in Cleveland, Ohio, and its suburbs. *Urban Studies*, 38-7, 1161-1186.

Graham, S. and Marvin, S.（1996）: *Telecommunications and the city: electronic spaces, urban places*. Routledge.

Graham, S. and Marvin, S. (2001) : *Splintering urbanism: Networked Infrastructures, Technological Mobilities and the Urban Condition*. Rortledge.

Grant, A.E. and Berquist, L. (2000) : Telecommunications infrastructure and city: adopting to the convergence of technology and policy. Wheeler, O.J., Aoyama, Y. and Warf, B.: *Cities in the telecommunication age*, Routledge, 97-111.

Griffith, D.A. (1981) : Modelling urban population density in a multi-centered city. *Journal of urban economics*, 9, 298-310.

Hackler, D. (2000) : Industrial location in the information age: an analysis of information technology intensive industry. Wheeler, O.J., Aoyama, Y. and Warf, B.: *Cities in the telecommunication age*. Routledge, 200-218.

Hall, P. (1984) : *The world cities. Third edition*. Weidenfeld and Nicolson.

Hartshorn, T. A. (1973) : Industrial / office parks: A new look for the city. *Journal of Geography*, 72, 33-45.

Hartshorn, T. A. and Muller, P. O. (1989) : Suburban downtowns and the transformation of metropolitan Atlanta's business landscape. *Urban Geography*, 10-4, 375-395.

Hepworth, M. (1986) : The geography of technological change in the information economy. *Regional Studies*, 20-5, 407-424.

Illegems, V. and Verbeke, A. (2003) : *Moving towards the virtual workplace: managerial and societal perspectives on telework*. Edward Elgar Publishing.

Jackson, K. (1985) : *Crabgrass Frontier: The suburbanization of United States*. Oxford University Press.

Kellerman, A. (1984) : Telecommunications and the geography of metropolitan areas. *Progress in Human Geography*, 18, 222-246.

Klassen, L. H., Bonrdrez, J. and Volmuller, J. (1981) : *Transport and reurbanisation*. Gower.

Koga, S. (2006) : Recent Changes in Office Location in the Tokyo Metropolitan Area. *Ritsumeikan Bungaku*, 593, 753-741.

Kutay, A. (1985) : Optimum office location and the comparative statics of information economies. *Regional Studies*, 20-6, 551-564.

Kutay, A. (1986a) : Effects of telecommunications technology on office location. *Urban Geography*, 7, 243-257.

Kutay, A. (1986b) : Optimum office location and the comparative statics of information economies. *Regional Studies*, 20, 551-564.

Levin, M. R.（1998）: *Teleworking and urban development patterns - Goodbye uglyville hello paradise -*. University Press of America.

Lewis, P. G.（1996）: *Shaping Suburbia: how political institutions organize urban development*. University of Pittsburgh Press.

Li, F.（1995）: *The geography of business information*. John Wiley & Sons.

Longcore, T. R. and Ree, P. W.（1996）: Information technology and downtown restructuring: the case of New York City's financial district. *Urban Geography*, 17-4, 354-372.

Marsh, M.（1994）: Reading the suburbs. *American Quarterly*, 46, 40-48.

Martin, R.（2001）: Spatial mismatch and costly suburban commutes: Can commuting subsides help? *Urban Studies*, 38-8, 1305-1318.

Matthew, M.R.（1993）: The suburbanization of Toronto offices. *The Canadian geographer*, 37, 293-306.

Michelson, R.L. and Wheeler, J.O.（1994）: The flow of information in a global economy: the role of the American urban system in 1990. *Annals of the Association of American Geographers*, 84, 87-107.

Mieszkowski, P. and Smith, B.（1991）: Analyzing urban decentralization - The case of Houston -. *Regional Science and Urban Economics*, 21, 183-199.

Mitchell, W.（1995）: *City of Bits*. The MIT press. 掛井秀一・田島則行・仲　隆介・本江正茂訳（1996）:『シティ・オブ・ビット－情報革命は都市・建築をどうかえるか－』彰国社.

Nunn, S, Warren, R. and Rubleske, J.B.（1998）: "Software jobs go begging, threatening technology boom": computer services employment in U.S. metropolitan areas, 1982 and 1993.*Professional Geographer*, 50-3, 358-372.

Pye, R.（1977）: Office location and the cost of maintaining contact. *Environment and Planning A*, 9, 149-168.

Odland, J.（1978）: The conditions for multi-center cities. *Economic Geography*, 54, 234-244.

Randy, W. and Selwood, D.（1983）: Office location and the density-distance. *Urban Geography*, 4, 302-316.

Redfern, P. A.（2003）: What makes gentrification 'gentrification'? *Urban Studies*, 40-12, 2351-2366.

Richardson, R., Belt, V. and Marshall, N.（2000）:　Taking calls to Newcastle: the regional implications of the growth in call centres. *Regional Studies*, 34, 357-369.

Sanyal, B. (2000) : From dirt road to information superhighway: advance information technology (AIT) and future of the urban poor. Wheeler, O.J., Aoyama, Y. and Warf, B.: *Cities in the telecommunication age. Routledge*, 143-157.

Schwartz, A. (1993) : The geography of corporate services: a case study of the New York urban region. *Urban geography*, 13, 1-24.

Shen, Q. (1999) : Transportation, telecommunication, and the changing geography of opportunity. *Urban Geography*, 20, 334-355.

Smith, N. (1996) : *The New Urban Frontier - Gentrification and the revanchist city -*. Routledge.

Stanback, T. M. (1991) : *The new suburbanizatuon - Challenge to the central city -*. Westview Press.

Teaford, J.C. (1997) : *Post-suburbia - Government and politics in the edge cities -*. Johns Hopkins University Press.

Vega, G. (2003) : *Managing teleworkers and telecommuting strategies*. Praeger Publishers.

Walcott, S. and Wheeler, J.O. (2001) : Atlanta in the telecommunications age: The fiber-optic information network. *Urban Geography*, 22-4, 316-339.

Warf, B. (1995) : Telecommunications and the change geographies of knowledge transmission in the late 20th century. *Urban Studies*, 32, 361-378.

Wheeler, J.O. (1999) : Local information links to the national metropolitan hierarchy: the southeastern United States. *Environment and Planning A*, 31, 841-854.

Wilhelm, M.A. (1999) : The geography behind the internet cloud: peering, transit and access issues. *NETCOM*, 13, 235-252.

Williams, H. and Taylor, J. (1991) : Information technology and the management of territory by firms. Brotchie, J., Batty, M., Hall, P. and Newton, P. ed.: *Cites of the 21th century: new technologies and spatial systems*, John Wiley & Sons, 293-305.

# 索　引

**【ア行】**

インターネット関連企業　64-65

インテリジェントビル　45

イノベーション　1

営業部門　31-32, 50-52

エッジシティ（edge city）　3

大宮ソニックシティ　44-46

オフィス　5-6, 27

オフィス従業者　5-6, 26, 28-31


**【カ行】**

外部不経済　10

帰宅困難者　9

業務核都市　33-36

金融・保険・不動産業（FIRE）　12

逆通勤（reverse commuting）　104-105

経済のソフト化・サービス化　25

郊外化　2-3

郊外核　3-4

顧客サービス部門　71

研究開発部門　70

コールドサイト　21

コンバージョン　80


**【サ行】**

さいたま YOU and I プラン　35

情報通信技術（ICT: information communication technology）　9-10, 57-58

情報部門　58-61

首都圏整備計画　2, 33

世界都市　1-2, 9

情報のパラドックス　17

職住近接　2-5, 106, 127-128, 138-139

人口減少社会　79

支店経済　31, 50


**【タ行】**

対面接触（face to face contact）　17

大規模災害　9, 20-21

多核心構造（polycentric city）　2

多極分散型国土形成促進法（多極法）　2, 33-35

単核心構造（monocentric city）　2

地域間格差　16-17

千葉県企業庁　36

千葉新産業三角構想　36

160 索 引

中枢管理機能　20, 30-31

超郊外地域（exurb）　117-118

通勤　14-16, 103-106

テレコミュニケーション

　（telecommunication）　9-10, 57-58

テレワーク（telework）　15-18, 19-20

東京一極集中　1-3, 9


【ハ行】

東日本大震災　9, 21, 138

フィルタリングプロセス　81-82, 98-99

プラザ合意　25

本社　3-4, 11

本社支援機能（バックオフィス）　14,

　48, 64-67

ホットサイト　21


【マ行】

幕張新都心　61-63


【ヤ行】

横浜市都心部強化事業　36

横浜みなとみらい21地区　83-86

## 著者紹介

佐藤 英人（さとう ひでと）

1972年京都市生まれ.
1997年立命館大学文学部地理学科卒業.
2003年東京大学大学院総合文化研究科博士課程修了. 博士（学術）. 東京大学空間情
　　　報科学研究センター助教, 帝京大学経済学部准教授などを経て, 現在, 高崎経
　　　済大学地域政策学部准教授.

研究分野：都市地理学, 経済地理学, 地理情報システム

| 書　名 | 東京大都市圏郊外の変化とオフィス立地 |
|---|---|
| | －オフィス移転からみた業務核都市のすがた－ |
| コード | ISBN978-4-7722-5288-1 C3025 |
| 発行日 | 2016年2月18日　初版第1刷発行 |
| 著　者 | 佐藤　英人 |
| | Copyright ©2016 Hideto SATOH |
| 発行者 | 株式会社古今書院　橋本寿資 |
| 印刷所 | 三美印刷株式会社 |
| 製本所 | 渡邉製本株式会社 |
| 発行所 | 古今書院 |
| | 〒101-0062　東京都千代田区神田駿河台2-10 |
| 電　話 | 03-3291-2757 |
| ＦＡＸ | 03-3233-0303 |
| 振　替 | 00100-8-35340 |
| ホームページ | http://www.kokon.co.jp/ |
| | 検印省略・Printed in Japan |

# いろんな本をご覧ください
# 古今書院のホームページ

## http://www.kokon.co.jp/

★ 700点以上の**新刊・既刊書**の内容・目次を写真入りでくわしく紹介
★ 地球科学やGIS, 教育など**ジャンル別**のおすすめ本をリストアップ
★ 月刊『**地理**』最新号・バックナンバーの特集概要と目次を掲載
★ 書名・著者・目次・内容紹介などあらゆる語句に対応した**検索機能**

## 古 今 書 院
〒101-0062　東京都千代田区神田駿河台2-10

TEL 03-3291-2757　　FAX 03-3233-0303

☆メールでのご注文は　order@kokon.co.jp　へ